Bahía Solano de mis amores

Jaramillo, Miriam
 Bahía Solano de mis amores / Miriam Jaramillo. Edición literaria a
cargo de Luis Videla - 1ª ed. Buenos Aires: Deauno.com, 2014.
114 p.; 21 x 15 cm.

 ISBN 978-987-680-082-2

 1. Narrativa colombiana. I. Videla, Luis Pedro, ed. lit. II. Título

 CDD Co863

contacto@elaleph.com
http://www.elaleph.com

Para comunicarse con el autor: miriam.jaramillo1@gmail.com

Primera edición

ISBN 978-987-680-082-2

Hecho el depósito que marca la Ley 11.723

Impreso en el mes de mayo de 2014 en
Bibliográfika, de Voros S.A.
Bucarelli 1160. Buenos Aires, Argentina.

MIRIAM JARAMILLO

Bahía Solano de mis amores

deauno.com

DEDICATORIA

Este libro, de narrativa costumbrista, esta dedicado a todos mis hermanos: Yolanda, Ligia María, María Isabel y especialmente a Fabiola, Jaime y Ofelia, con mi enorme cariño y orgullo, en la certeza que les traerá muchos y gratos recuerdos.
También a la memoria de mis padres y de mi hermano Rodrigo.

AGRADECIMIENTOS

Bahía Solano es la historia de una familia que vivió sus mas simples y bellos momentos en la Costa del Océano Pacifico, en el Chocó, Colombia, rodeada de mar y de selva, en un lugar sencillo y primitivo.

También en reconocimiento de todas aquellas compañías que se abrieron paso luchando con esfuerzo en aquellos terrenos de la costa del Pacifico Colombiano, como por ejemplo:

La compañía aérea AVIANCA, una empresa luchadora y de gran envergadura que facilitó vuelos desde la ciudad de Medellín a Bahía Solano y a la ciudad de Quibdó con un impecable servicio y atención.

La compañía ESSO COLOMBIANA, con la distribución de combustible en esa Costa del Pacifico.

La CARRETERA PANAMERICANA en su constante lucha y esfuerzo por un mejor futuro y una mejor red de comunicación, uniendo a varios lugares de aquellos parajes tan distantes.

Tampoco puedo dejar de mencionar a la Compañía Aérea Avispa, *ya inexistente que también existió en los tiempos de esta historia.*

Y es para mí un orgullo el poder darles las gracias por medio de este libro, a todos aquellos que le brindaron su apoyo y amistad a nuestra familia, la familia Betancourt, *ayudando a mi padre y privilegiándonos con su amistad. A todos los que aún desde aquella época permanecen en la actualidad en la bahía.*

A fin de preservar la identidad de todas aquellas personas que acá describo, he decidido cambiar los nombres, usando nombres ficticios, solo los nombres de mi familia son reales.

La Autora

Bahía Solano

Esta historia comienza en Bahía Solano, una bahía ubicada en la zona del Chocó en Colombia. El Océano Pacifico bañando esta región, enmarcada por una selva llena de vegetación y de diferentes clases de aves que formaban tan hermoso paisaje. No encuentro palabras exactas para describir tanta belleza. Sus mañanas eran acariciadas por un sol tibio, se desataban caprichosas lluvias sin previo aviso a cualquier hora del día, más sin embargo era tan precioso el panorama que a pesar del calor, de la humedad y de las lluvias, uno se embelezaba y todo invitaba a meditar, al descanso, a encontrar paz en un paraíso que cuanto ofrecía era color, aromas y tranquilidad.

Comencemos hablando de ese hombre maravilloso que llegó cargado de ilusiones y acompañado por su familia a aquel recóndito lugar. Mi padre, Jaime Betancourt, era alto, delgado y soñador. Tanto podríamos escribir acerca de él que no nos alcanzaría el papel. Sus metas y ambiciones eran inmensas; su capacidad, envidiable; sus proyectos, increíbles. Tan increíble como fue la manera en que mi padre llegó a Bahía Solano.

Cierto día anunciaron una excursión a la bahía y papi se entusiasmó muchísimo. El era amante del mar, se sentía algo agobiado y cansado con los problemas cotidianos y esto lo ilusionó, por lo tanto se decidió a hacer aquella excursión de solo tres días en la cual descansaría un poco y vería algo diferente. Así y sin pensarlo más emprendió aquel viaje que, sin él saberlo, sería el comienzo de un cambio radical en su vida y el motivo principal de esta historia.

Fue un viaje tranquilo y corto. Al llegar allí se encontró con aquella bahía que lo sedujo, una bahía casi virgen en su natural belleza y pocos pobladores, una bahía pobre y sencilla, pero llena de esa salvaje esencia de paz y rodeada de tan embrujador entorno. Papi pensaba quedarse allí solo por tres días, mas el tiempo fue pasando y los días se fueron sucediendo y en ese lapso de tiempo, él se fue enredando en negociaciones, planes e ideas que lo fueron absorbiendo hasta completar un mes. Así fue como nació la idea de aquel viaje en el cual nos vimos todos involucrados.

Mi padre se comunicó con Jaime mi hermano que para aquel entonces trabajaba con él en una gasolinera de la cual era el dueño y le pidió que le enviaran cierta cantidad de dinero de inmediato, porque estaba tratando de negociar unos terrenos y que cuando regresara a Medellín nos contaría todo lo acontecido.

Después de haber ubicado lo que quería, de muchos planes y proyectos, mi padre viajó de regreso a la ciudad de Medellín donde lo esperábamos con ansias.

Todos lo rodeamos y empezó a contarnos con detalles su estadía en aquel lugar que sería nuestro refugio por algunos años. Lo describía todo de una manera locuaz y entusiasta. Contagiándonos su entusiasmo nos dijo que nos preparáramos porque nos iríamos a vivir a aquella Bahía.

De inmediato se puso nuestra casa para la venta. Era una preciosa casa ubicada en un barrio muy bello en la ciudad de Medellín. Fue construida especialmente para mi madre con sus jardines interiores, salón de música, tenía unas escaleras anchas en forma de caracol y varias habitaciones. Mi madre ya estaba acostumbrada a seguir sus pasos en su gitanesco peregrinar. Así fue que nuestra casa entró en venta y también la gasolinera que quedaba ubicada en el barrio del Estadio. En pocos días, todo estaba vendido, lo cual no era extraño ya que mi padre llevaba el negocio en su sangre.

Nos dedicamos a la tarea de empacar nuestras pertenencias y a esperar el momento en el cual viajaríamos. Ninguno de nosotros protestaba, porque a todos, muy en nuestro interior, nos encantaban aquellos cambios y aquel continuo ir y venir de nuestras vidas, sentíamos ansiedad y anhelábamos estar pronto en Bahía Solano.

Bahía Motel

Primero se construiría un hotel pequeño y acogedor, estilo motel, cuyo nombre sería "Bahía Motel", en un pedazo de tierra que ya él había comprado en el lado derecho de la bahía, la cual estaba separada por el río Jella. A este lugar mi viejo, lo bautizó para sus ideales y en sus sueños personales "Capri". Y ese nombre solamente era conocido por todos los integrantes de nuestra familia, porque los lugareños conocían a este sector como el otro lado del río Jella.

Este hotel en Capri fue una linda fantasía hecha realidad. Todos los materiales se llevaron a Bahía Solano desde la ciudad de Medellín —ciudad de la eterna primavera en Colombia —, en un avión fletado expresamente por él, para poder empezar la construcción del hotel "Bahía Motel".

Es muy importante aclarar que en aquel viaje, mi padre no solo nos llevó a todos los hijos que aún vivíamos con ellos, sino que convenció a mi hermana Yolanda —recién casada con Oscar —, para que le siguieran en esta odisea de sorpresas inéditas. A ellos les prometió una sociedad en una empresa de tubos de cemento para desagües y alcantarillas que montarían en un terreno que había conseguido durante sus vacaciones en la bahía, cerca al terreno del hotel. Empresa que Oscar manejaría, aun conociendo él que Oscar siempre había sido oficinista de un banco, hombre de traje y de corbata, carente de fuerza física y de conocimiento en negocios de ésta índole. Ignorando esto y con tal de tener a todos sus hijos cerca, mi padre pintaba el panorama de tonos tenues augurando éxitos y disfrazando con tiernas ilusiones los problemas y desvelos que se presentarían.

Los primeros en llegar fueron mi viejo y mi hermana Yolanda de solo veintitrés años, con su esposo Oscar también joven, quienes alquilaron una de las casas de la bahía y se instalaron allí, donde mas tarde llegaríamos el resto de la familia hasta que se terminara el proyecto del hotel y entonces nos ubicaríamos de diferente manera. La edificación del hotel comenzó siendo supervisada por mi padre, quien se alojaba en casa de Yolanda hasta avanzar un poco en la construcción y esperando por Jaime que venía rumbo a Bahía Solano y estaría por llegar de un momento a otro.

Jaime el mayor de mis hermanos en compañía de mi cuñado Carlos —que para ese entonces se encontraba de vacaciones y era el novio de mi hermana Ofelia—, emprendieron el viaje hacia Bahía Solano, primero en auto hasta El Puerto de Buena Ventura donde luego, por vía marítima, llegarían a la bahía. Ese viaje estuvo lleno de sorpresas y de altibajos.

Iban viajando en un *jeep* y enganchado a este llevaban un trailer o remolque que servía para trasladar
mercancía, equipaje o cualquier tipo de carga, ellos
lo llevaban cargado de baldosines de cerámica que
se usarían para forrar los baños del hotel. El camino
era un camino largo, muchas horas de viaje, pasaban
por varias ciudades y pueblos de pescadores, muchos
lugares, unos pintorescos otros muy pobres, algunos
caminos de asfalto, otros de tierra en medio de un
ambiente tranquilo con sabor a costa. A su paso se
encontraban con gente sencilla que los saludaban
amablemente. Durante el día, los compañeros inseparables eran el sol abrasador y el cansancio y por la
noche lo eran las luces de las casas o ranchos a lo lejos
del camino que parecían débiles luciérnagas, amigas
de la oscuridad y guardianes del silencio.

Ya cuando casi llegaban a Buena Ventura, Jaime
divisó por el espejo retrovisor del *jeep* unos chispazos
que provenían del remolque. Iba a parar cuando sintió
un golpe en seco muy fuerte, frenó de inmediato y se
dieron cuenta de que el trailer se había desengancha-
do del *jeep* y se volteó, quedando todo su contenido
esparcido por todos lados. Eran ya las diez de la noche, se encontraban súper cansados y el lugar donde
se volcó todo no era muy seguro. Así que, sin perder
tiempo y un poco asustados se dedicaron a recoger el
material, engancharon de nuevo el remolque y siguieron su camino. El cansancio les urgía a llegar pronto,
conversaban entre ellos para no quedarse dormidos y
así por fin llegaron al Puerto.

Esa noche la pasarían allí. Sus planes eran pasar solo una noche en Buena Ventura y al día siguiente embarcarse hacia la bahía, allí se irían en el barco de un capitán que los llevaría hasta Bahía Solano. Lo que ellos no sabían era que las cosas no siempre suceden como uno las ha planificado.

Empezaron a preguntar por una pensión barata ya que estaban cortos de dinero y un pescador del área los llevó a una pensión asegurándoles que allí los tratarían bien y estarían seguros y era además un lugar súper económico. Ellos entraron al lugar sin dejar antes de observar todo a su alrededor, arreglaron el costo y se acostaron a dormir tremendamente agotados por el cansancio.

Muy temprano en la mañana se levantaron y se fueron al Puerto a buscar al capitán Jorge de La Rúa, dueño del barco Don Lucio que los llevaría ese día rumbo a Bahía Solano, caminaron un buen rato hasta que dieron con el Capitán, fueron directo a él y muy cortésmente después de saludarlo le preguntaron a qué hora saldrían. Él se les quedó mirándolos fijo y les dijo:

—Yo acabo de llegar al Puerto y, como ustedes deben saber, no hay un solo marinero que se le respete si no se pasa al menos unos dos o tres días celebrando su llegada y descansando un poco. Así es que dentro de tres días zarparemos, antes imposible.

Y se despidió, alejándose con rapidez, dejándolos abatidos, preocupados y —por qué no decirlo también—, un poco malhumorados. Estuvieron caminando por el puerto y ya en las horas de la noche se regresaron a dormir a la pensión.

Más cuál sería su asombro al ver que la pensión estaba totalmente ocupada por mucha gente. Mujeres que se reían y tomaban, acompañadas de los marineros y capitanes de los barcos, música a todo volumen, oliendo a cerveza y a humo de cigarrillo, risas y bullicio en un ambiente alumbrado por débiles bombillas. Carlos y Jaime se miraron y entendieron que se trataba de un burdel que tenia cuartos de alojamiento para todos aquellos hombres que iban de paso por aquellos parajes. Ellos no tenían chance de escoger. Les habían dado alojamiento súper barato, cómodo y estaban bastante cortos de dinero, así que ignorando lo acontecido en la pensión, arreglaron con el dueño para quedarse el tiempo que necesitaban permanecer allí.

Pasados los tres días ya ellos se encontraban desesperados por llegar a la Bahía. Papi los estaba esperando con ansias y se esperaban los baldosines que ellos traían para poder finalizar los baños del hotel. Así que decidieron buscar al capitán y su alegría fue inmensa cuando lo localizaron. Después de saludarlo con cortesía, preguntaron:

—Capitán ya pasaron los tres días que nos pidió, por favor díganos ¿a qué hora saldremos?

Esta vez tuvieron suerte, se embarcaron ese mismo día temprano, solo que en lugar de ser un viaje de cuarenta y ocho horas como ellos lo habían estipulado, les tomó casi diez días en llegar, ya que el capitán en cada lugar que podía tiraba el ancla y hacia negocios de intercambio. Por ejemplo en un lugar cargaba madera y en el otro vendía la madera y conseguía víveres y así fue todo el trayecto: un viaje agotador con días en extremo calurosos y noches que se hacían eternas. El *jeep* y el remolcador lo embarcaron con ellos, porque sería el medio de transporte que usaríamos en Bahía Solano.

Así llegaron por fin Carlos y Jaime. Papi los esperaba ansioso, ya desde hacía días. Fue inmensa la alegría de mi viejo cuando los vio, ya que él se encontraba solo dirigiendo el proyecto y necesitado de la ayuda moral y física de Jaime, su hijo mayor, su orgullo y en el cual siempre depositaba sus inquietudes. El hotel ya contaba con algunas habitaciones, así que ellos y mi padre se fueron a instalar allí.

Papi —como le decíamos con cariño y respeto— y Jaime, aprovechaban para dirigir a los trabajadores mientras Carlos disfrutaba de sus cortas vacaciones de estudio en aquel lugar pobre y sencillo.

El tiempo transcurría y la construcción del hotel avanzaba cada día más. Para sorpresa de todos Carlos se fue involucrando en todo esto y comenzó a sentirse cautivado por aquel lugar que lo llenaba a uno de tranquilidad y sosiego. Además, ya pronto llegaría mi hermana Ofelia con nosotros a la bahía y esto fue lo que hizo a Carlos decidirse a quedarse allí de manera permanente y ayudar a mi padre y a Jaime en todo lo referente al hotel. Mi hermano también se compró una lancha de motor, que en sus momentos de descanso utilizaba para hacerse a la mar e irse de pesca y una canoa que le permitía salir a practicar el remo.

Después de mi madre, mi hermano mayor era el brazo derecho de mi padre en aquel lugar que tanto tenía de sueños y de fantasías, como de momentos difíciles. Como mencioné antes, era una zona lluviosa y por lo tanto húmeda y caliente, en la que abundaban los mosquitos y zancudos y en las noches húmedas y pegajosas a veces faltaba el aire. El mar, para esas noches de calor, carecía de la brisa y la atmósfera se volvía pesada e inaguantable. Como todo lo que existe en esta vida con un equilibrio perfecto, noches de calor y días secos y frescos, luz y sombra, sol y luna, así era Bahía Solano. Se mezclaba lo bello y lo romántico con lo difícil y agotador. Y digo agotador porque todos mis hermanos mayores conocieron, ayudando a mis padres, del esfuerzo y del cansancio en aquel imperio tan único y de tanta fantasía.

El hotel se fue haciendo de manera coordinada y por etapas y tenía muchas comodidades: su propio restaurante con equipo de sonido y refrigeración, su propia planta eléctrica —al fondo del hotel— y un apropiado sentido de la decoración, del diseño y las tonalidades. Al frente, justo a un costado de la entrada, cerca a unos escalones, había una hermosa canoa sostenida por cuatro troncos cruzados repleta de flores de la selva en vívidos tonos, engalanando el paisaje.

Jaime por ejemplo era el encargado del bar y del restaurante y de conseguir el abastecimiento de víveres que la mayoría de las veces se compraba a barcos que llegaban desde la ciudad de Panamá a la bahía.

Contaba también con sus propios tanques de agua de reserva. Llenar esos tanques significaba esfuerzos desmesurados y se necesitaba la fuerza bruta de dos hombres, que eran mi hermano Jaime y Carlos, el novio de mi hermana Ofelia. Ya instalado en la bahía, este último tenía que ayudar en todo porque había decidido quedarse a vivir con nosotros y seguir a mi viejo en este proyecto en este lugar tan recóndito de la Costa del Pacifico. Tanto Carlos como Jaime tenían solo veintiún años y tenían que hacer varios viajes en el *jeep* llevando el trailer enganchado y cargado de canecas hasta el río Jellita, que quedaba casi al final del otro lado de la bahía que a, diferencia del río Jella, era un río mucho más pequeño y también desembocaba en el mar. Allí llenaban de agua esas enormes canecas, pesadas como si fueran de plomo, las llevaban al hotel y las vaciaban en los tanques de reserva de los cuales se pasaba a un tanque elevado y se distribuía a cada uno de los respectivos baños. Ellos no solo pusieron en su labor la juventud, el esfuerzo y los desvelos; también lucharon con toda su energía, que a veces parecía poca ante tanto trabajo y tanta lucha.

Nuestra llegada

Nuestro arribo fue sorprendente. Los que ya estaban en la bahía habían experimentado lo mismo que nosotros al llegar.

Viajamos en un avión de la compañía *Avispa* nuestra mami, Fabiola —mi hermana de veinticinco años, la mayor de todos—, Ofelia con quince abriles; Ligia María, que en aquel entonces tendría cinco años; María Isabel de dos años y yo, que contaba con unos once años. También Rodrigo, que entonces tenía ocho años, a quien yo le llevaba tres. Y digo *llevaba* porque desafortunadamente él no se encuentra ahora con nosotros. Hubiera sido maravilloso que hubiese podido leer este libro, pero estoy segura que en ese descanso eterno de su alma si pudiera verme, sonreiría al irse acordando conmigo de cada una de nuestras pilatunas.

Llegamos a eso de las tres de la tarde de un día súper caluroso y todos veníamos muy arreglados porque pensábamos que llegaríamos a un aeropuerto precioso y bien acondicionado. Papi siempre describiéndonos todo con ese toque de fantasía que daba brillo a las cosas y con la magia que hacía bellas realidades.

Estábamos acostumbrados a vivir muy bien en Medellín, una hermosa ciudad en la cual no carecíamos de nada. Éramos prácticamente niños de ciudad que desconocíamos el sarpullido —ese brote causado por el calor y la humedad—, no sabíamos de las picaduras de los zancudos o mosquitos y al llegar a Bahía Solano todos nos miramos con asombro, porque el aeropuerto era una construcción abierta con techo de láminas de zinc, todo era tierra y nada de asfalto y que carecía de las cosas más elementales. Algunos niños lugareños estaban de pie mirando la llegada de nuestro vuelo. Estaban descalzos y barrigoncitos, medio desnudos y se les notaba la desnutrición y los parásitos.

El terreno de la salida del aeropuerto, o sea el camino que nos llevaría a la bahía, estaba en pésimas condiciones, había llovido mucho y se formaban zanjas enormes dificultando el camino. Mi padre fue a recogernos al aeropuerto en un vehículo de transporte tipo todo terreno que le facilitaron los encargados de las obras de la Carretera Panamericana, de modo que nos subimos con dificultad y nos sujetarnos de sus costados con fuerza, porque al entrar en esos caminos irregulares y descampados las ruedas patinaban, levantando lodo por doquier y así, entre estrujones y zarandeadas, llegamos a la casa del pueblo, hogar de Yolanda y Oscar, que nos albergaría unos días a todos hasta que el hotel estuviese terminado, ya que nuestras habitaciones estaban en la parte de atrás del mismo y entonces tendríamos lo que podríamos llamar nuestra casa.

Aunque nos sentíamos abrumados y muy cansados, entre conversaciones con Yoli —como le decimos por cariño a Yolanda— que se esmeraba en la tarea de ubicarnos, se fue yendo el tiempo. Oscar era de poco hablar pero nos contaba, medio sonriéndose, que cuando ellos llegaron al aeropuerto mientras descargaban el avión —viajaron con algunos de los primeros materiales de construcción para el hotel, algunas puertas y sus propios muebles—; también habían experimentado una gran decepción al llegar a aquella ramada que era el aeropuerto, sin imaginarse en ese instante lo mucho que ese lugar iría a significar para todos nosotros y los hermosos recuerdos que nos dejaría para siempre. Así, entre conversaciones y risas oscureció de prisa.

Esa noche dormimos por el cansancio que teníamos, pero en las próximas noches acomodados en esteras, solo pudimos saborear las molestas picaduras de los zancudos. También se desataron lluvias torrenciales que nos hacían ubicar nuestras esteras en sitios diferentes, ya que las goteras burlonas se mezclaban con el zumbido de los mosquitos. Nuestros muebles no habían llegado todavía a la bahía y así transcurrieron los días y las noches. Lo que mas recuerdo de aquella casa era que para ir a la cocina teníamos que atravesar un pasadizo y nunca olvidé el aroma del chocolate, el café y los ricos desayunos que Yoli nos preparaba, que eran como un premio a aquellos inciertos momentos de cambio que estábamos atravesando. No solo eran los desayunos exquisitos sino que los almuerzos y cenas también eran fantásticos: el mejor puré de papa que he comido en toda mi vida, las sopas y unas tortitas de carne que eran de fantasía.

Los días transcurrieron y recuerdo que me tocó en un desfile del pueblo llevar una bandera de civismo encabezando el desfile, creo que Yolanda fue la que me comprometió con el padre del pueblo, el padre Correa, un sacerdote sencillo y con un enorme sentido de la ayuda al prójimo, de esto nos fuimos dando cuenta con el correr del tiempo.

Una mañana temprano, mi padre mandó a buscarnos a todos porque ya el hotel estaba prácticamente terminado, solo le faltaba ponerle el piso al corredor del frente que iba en madera machihembrada. Nuestro regocijo fue increíble, porque el hotel nos parecía un sueño. Nuestras habitaciones daban al fondo del hotel —era como nuestra casa privada—, y las camas tenían mosquitero. Empezaríamos nuestra vida en esa bahía que, con el tiempo y a pesar de muchas vicisitudes, se convirtió en un recuerdo para toda nuestra existencia.

A medida que se iba terminando el hotel, también se avanzaba en el montaje de la fábrica de tubos, en el terreno aledaño al hotel. Los ánimos de todos estaban muy en alto ya que anhelábamos ver realizado y terminado todo este proyecto, especialmente Oscar, pues ésta sería su fuente de trabajo e ingresos.

Tanta zozobra y desconciertos valieron la pena, porque nos encontramos con una bahía llena de bellezas naturales y esto pagaba todas aquellas incomodidades de nuestra llegada. No importaba que el lugar estuviera tan olvidado y existieran tanta pobreza y necesidades, sus gentes eran muy nobles y todos los que allí vivían luchaban continuamente siempre en la búsqueda de una mejor calidad de vida o quizás de una sobrevivencia que les demandaba todos sus esfuerzos.

Yo era muy niña aun pero alcanzaba a captar esas maravillas. Cuando caminaba por la arena de color blanco y textura suave, era como pisar el cielo. Inmensas rocas negras mezclándose celosas y en silencio semejaban guardianes mudos de tanta belleza. De la selva se desprendían bejucos y diferentes plantas que se enredaban en esas rocas, miles de flores salvajes con aromas que impregnaban el ambiente. Muchas veces la brisa juguetona se volvía aliada de los días, otras parecía que se escondía, queriendo castigar a los habitantes sin motivos aparentes. Sol, playa, selva y mar, así era Bahía Solano.

Realmente Jaime y Carlos fueron guerreros en constante lucha en esos tiempos inhóspitos y difíciles en los que se estaba formando todo ese mágico entorno. Muchas fueron las veces que ellos esperaban los barcos que llegaban a la bahía y tenían que descargar los pesados bultos de cemento en su espalda, con un calor agobiante, llevándolos de un lado a otro para poder completar las diferentes obras. Hubo momentos en que les costaba erguirse de nuevo luego de descargarlos.

Me encantaba en las mañanas levantarme y contemplar el mar turquesa con sus matices de plata y divisar a la distancia los veleros adornando sus aguas azules. Las gaviotas traviesas cada día recorrían el paisaje y los cangrejos de un color rojizo y blanco con sus antenas y sus ojos negritos muy en alto, inspeccionaban juguetones las arenas de aquel rincón de fantasía. Los trinos de los pájaros de diferentes especies componían sinfonías que se mezclaban con increíble maestría, dando un toque indescriptible a aquella bahía que vive en lo profundo de mi alma. Al hotel lo rodeaba en el fondo la impetuosa selva del Pacifico y al frente un mar dominante, una playa con muchas palmeras, abundantes árboles frutales y primitivos senderos de tierra.

En este hotel pasé dos años del comienzo de mi adolescencia, rodeada de mimos y de ternuras; dos años libre como el viento en una vida salvaje y primitiva. ¿Cómo borrar de mi mente los esfuerzos y esa admiración y respeto que siempre sentí por mis padres? Todo lo que tengo y lo que soy ahora es el producto de ellos, por eso siento orgullo al escribir estas líneas y poder narrar en una forma sencilla y rápida un pedacito de mis emociones y dejar a otros que puedan participar de esas bellezas que yo tuve la suerte de vivir en aquellos años de la década de los '60.

Mi madre, una mujer maravillosa, siempre apoyaba a mi viejo y siempre le seguía a donde él fuese, sin importar el esfuerzo físico o emocional. Ella estaba al tanto de todo y creo que sin ella aquel hombre ingenioso e inteligente, hubiese sido un barco a la deriva. La mayor fuerza de aquel hombre siempre fue mi madre, fuerte como un roble, de temperamento estricto, única, sensible y bella.

A lo largo de los años en aquel hotel se hospedaron muchas personas y hasta estuvo rentado totalmente por seis meses por una comisión americana del cuerpo de paz de los Estados Unidos que estudiaba la astronomía, ya que aquel era el marco perfecto para su labor. Al frente del hotel llegaban los helicópteros, los cuales al tocar tierra levantaban con sus hélices remolinos de arena y producían un fuerte estruendo.

Esta comisión de estadounidenses traía mucho abastecimiento de jugos de frutas y de víveres ya que ellos se internaban en la selva y necesitaban provisiones. También cargaban con ellos sus proyectores y pantallas, en las cuales nos pasaban películas en el amplio comedor del restaurante del hotel. En esos años, siendo yo tan niña, quedó grabada en mí la película de Leo, un hombre que sufre un accidente al caer a un tanque gigante de una compañía petrolífera. Todas esas peripecias para rescatarlo despertaron en mí las máximas emociones. Mi corazón de niña adolescente latía muy fuerte al mirar esa cinta y mi mente absorbía cada detalle sin olvidar ningún pasaje de aquel episodio.

A esta delegación de norteamericanos les vendíamos los riscos o corales sacados del mar, que poníamos a blanquear en agua dulce y cuando estaban blancos como la nieve los negociábamos a precios que nos deparaban ganancias. También nos compraban ciruelas que yo misma arrancaba de los árboles y los famosos hicacos, una frutita roja, pequeña, dulce y deliciosa.

La cocina era típicamente colombiana. Por la ubicación, el pescado era el plato fuerte de cada día. La pesca en aquel paraíso de contrastes era única. Como siempre, el toque magistral de los sabores lo ponía mi madre que estaba al tanto de todos los detalles.

A los norteamericanos les encantaba la comida del hotel con sus armoniosos sabores oceánicos, el pescado, las ensaladas y nuestras famosas arepas colombianas, hechas de maíz, para acompañar el desayuno o las comidas, Mi madre preparaba el pescado de diferentes formas, pero el que más me gustaba era uno que cocinaba con ajos, cebollas y tomates con un toque de hierbas finas y que me resultaba delicioso.

En el lado izquierdo de la bahía, mi padre compró un terreno muy grande que tenía una gran cascada, y como él era ingenioso y a todo le sacaba provecho, en esa caída de agua y con la ayuda de Jaime diseñaron una planta hidráulica que generaba electricidad y abastecía a ese lado de la bahía. En ese terreno con el tiempo construyeron una cómoda casa y también un muelle que daba a un lugar en el mar llamado *el fondeadero*, donde las aguas eran muy profundas y de una tonalidad verde esmeralda, que parecía ser el lugar preferido de los tiburones. Debido a la profundidad de las aguas en ese lugar podían entrar barcos y entonces aprovechó todo este potencial para instalar la *Esso*

Colombiana Distribuidora del Pacífico, que despachaba combustible a todos los buques que allí atracaban.

También este terreno estaba rodeado de árboles, en medio de la naturaleza y se accedía a él por una amplia calle de tierra o carretera ancha. Por este camino se llegaba también al campamento donde se hospedaban los maestros de obras de la Carretera Panamericana, que era el más anhelado sueño de todos ya que permitiría el acceso a muchos lugares. El predio quedaba en una especie de colina o terreno alto desde donde se divisaba toda la bahía y al otro lado, de frente, podíamos ver claramente el hotel. Una ubicación magistral con toda el encanto de esa bahía que a pesar de su sencillez, era un pedazo de cielo en la tierra.

Mi viejo y Jaime, que habían creado su propio lenguaje, se comunicaban por la noche haciendo señas con linternas o lámparas. Así cuando papi estaba en el hotel y miraba hacia el fondeadero, podía darse cuenta si todo estaba bien. Jaime le enviaba sus mensajes haciendo señales con la linterna y entonces nos quedábamos tranquilos de que todo estaba en orden.

Cierta noche ya bien tarde —serían más o menos las once de la noche—, Jaime se encontraba en la casa del fondeadero y decidió regresar al hotel. Por lo tanto cerró la casa y salió caminando por el sendero de la carretera que lo llevaría a la bahía. Tendría que atravesar todo el pueblo hasta el río Jella, que debía cruzar para llegar el hotel. Antes de salir hizo sus señas reglamentarias con la linterna, avisando su regreso.

Estaba muy oscuro, en esa noche serena sin brisa y en la quietud del silencio solo se escuchaba el mar golpeando la arena en su ir y venir.

Jaime empezó a caminar y de pronto sintió pisadas detrás de él. Se detuvo y escuchó con atención. Cuando reinició la marcha, otra vez percibió el suave crujido de las ramas y un leve quejido. Volteó la cabeza para mirar y no vio nada pero a medida que caminaba, sentía cada vez más la presencia de alguien que respiraba muy cerca de él. Entonces empezó a correr despavorido, sin volverse a mirar atrás. Cuando llegó al hotel, parecía que el corazón se le quería salir del pecho y casi no podía respirar. Tuvimos que darle un vaso con agua y esperar a que se tranquilizara para que pudiera contarnos qué le había sucedido.

Nunca supimos qué pasó aquella noche, más desde entonces Jaime siempre se aseguraba de estar con alguien y se regresaba temprano para el hotel.

El pueblo

El pueblo estaba dividido así: cuando uno se paraba de frente a la bahía mirando hacia el mar, había una gran playa dominando, separada por la calle principal del pueblo en la que se encontraban varios negocios. Luego había calles que iban al fondo de la bahía y llevaban a la iglesia y a el convento, amén de otras callejuelas aquí y allí encaminadas a diferentes viviendas y casi todas desembocaban en la calle principal. El río Jella a la derecha, la mayoría de las veces era de agua salada ya que el al subir la marea el mar se adueñaba de él mezclándose sus aguas. A la izquierda estaba el camino que llevaba hacia la *Esso Colombiana*, al aeropuerto y al campamento de la Carretera Panamericana. Al mirar la lejanía se divisaban los Vidales, unas hermosas y enormes rocas justo al frente de la bahía. Cuando los mirábamos podíamos jurar que se encontraban en todo el centro del mar, aunque todo era una ilusión óptica ya que debido a su lejanía simulaba esta ubicación. Luego también a la derecha, estaba la selva llena de lianas colgantes con su espeso follaje y su profundo misterio.

Por las noches yo contaba las estrellas y en el día me iba al mar y en sus playas, recostada en algún tronco caído de la selva y mirando al cielo, jugaba con las nubes blancas diseñando con mi fantasía figuras imaginarias. Me gustaba mirar esos visos plateados que formaban las olas con su vaivén y en ese azul verdoso del agua del mar mi mente de niña construía castillos y viajes infinitos. Me imaginaba historias de piratas y pensaba que si miraba mucho esas aguas, iba aparecer una hermosa sirena de cabellos dorados, ágil y radiante, queriéndome llevar con ella a las profundidades del mar.

Por lo general la bahía estaba llena de turistas procedentes del interior del país que amaban la pesca. Ellos tenían sus propias chozas donde hospedarse y muchos eran médicos aficionados a la pesca y otros pilotos de aviones que llegaban hasta allí con el afán de pasar unos días de descanso. Salían a la mar temprano en la mañana en sus embarcaciones y por la tarde llegaban con sus peces, el valioso trofeo que los identificaba y con sus cámaras de fotos dejaban testimonio de aquellas hazañas. Esos peces iban directo al hielo seco que se vendía en la bahía.

Antes de que mi padre construyera el suyo, existía el *Hotel del Teniente*, muy conocido, que era una ramada cómoda —construcción típica con techo de paja y ventiladores de techo—, que en las tardes de calor daban fresco y proporcionaban alivio mitigando un poco la pesadez del ambiente. Allí se hospedaban todos los viajeros que llegaban presurosos a descansar en la bahía, porque este albergue ofrecía un ambiente familiar.

En la bahía los únicos medios de transporte eran los de la carretera Panamericana y el *jeep* de mi familia. Jaime y Carlos, que vivían en continua ocupación, aprovechaban esta circunstancia para hacer viajes al aeropuerto y transportaban a los turistas a bajo precio y al mismo tiempo recogían la carga y distribuían los paquetes.

Muchas fueron las mañanas y las tardes en que yo recorría la playa llenando baldes con diferentes caracoles, me embelesaba con ellos y eran mis tesoros de aquel entonces. Las jaibas que había en aquel paraíso eran cangrejos azules y blancos que se mezclaban con el azul del mar, el rojo de los cangrejos, el blanco de la arena y el negro de las rocas. Cuando subía la marea quedaban miles de pececillos de vívidos colores atrapados en pequeños pozos entre esas rocas que se llenaban de agua de mar al bajar la marea.

Las tempestades eran comunes. Miles de veces recorrí con mis hermanos las zonas vecinas de la bahía: Nabuga, Tribuga, Punta Rita, Punta Lana, Guaca, Mecana, La Coquera, todos estos lugares con hermosas playas lineales seguidas, cada una con su propio encanto embrujador y coqueto que atrapaba a cualquier visitante que las pisara. Alguna tenía uno que otro caserío, pero las otras eran baldías, cubiertas de palmeras que se mecían suavemente con la brisa.

Los Vidales, esas enormes rocas rodeadas de arena que al mirarlas que engañaban respecto de su ubicación era uno de los lugares preferidos. Para ir allí había que hacerlo en barco o lancha, en un recorrido de dos horas de ida y vuelta. En el trayecto se podía observar a gigantescas tortugas nadando en ese mar intenso y profundo; gaviotas que nos seguían como burlándose de nuestro viaje y nubes presurosas y blancas y el inmenso azul del infinito dueño absoluto de tan hermoso paisaje. Así, entre el vaivén de las olas y la inmensidad del mar, llegábamos a Los Vidales, dispuestos a pasar un día estupendo y con el atardecer regresábamos a la bahía. Era un viaje fascinante y llegábamos con el corazón en paz y el cuerpo saturado de sal y mar.

Cuando visitábamos algunas de esas playas, salían con Jaime los mayores y a mí me llevaban con ellos. Llevábamos nuestro almuerzo en mochilas o bolsas y andábamos millas y millas de playas que se unían unas con otras, nadábamos en el mar y en nuestro trayecto recogíamos caracoles y contemplábamos variedad de pájaros preciosos que salían de esa selva verde, espesa, llena de riquezas extrañas, como plantas medicinales, animales exóticos y miles de rarezas habituales de la selva. Íbamos cantando y haciendo bromas y cuando nos cansábamos de caminar nos tirábamos en alguna de las playas sobre esa arena blanca y descansábamos un poco. Almorzábamos y luego emprendíamos presurosos el camino de regreso antes de que oscureciera y de que la marea alta cubriera la arena. Muchas veces nos pasó de encontrarnos en aprietos porque nos entreteníamos mas de la cuenta y teníamos que regresar por las rocas, pegados a veces de bejucos de plantas que se les adherían y esto era difícil y agotador. El mar subía, cubriendo la playa que desaparecía bajo las aguas y el regreso se nos hacía muy complicado porque las olas salpicaban con fuerza al estrellarse entre las rocas formando una espuma que se elevaba alto, mojándonos —lo cual nos deleitaba, ya que al caminar tanto, sentíamos calor—, y volviendo resbaladizas las rocas, por lo que teníamos que andar lentamente y con mucha precaución.

En Mecana vivía un joven estadounidense de nombre Ken, que compró algunas de esas tierras y allí se esforzaba, construyendo su futuro. Siempre que llegaba a la bahía, pasaba por el hotel a saludar. Venía al pueblo a abastecerse de provisiones, a tomarse una que otra cerveza y a ponerse al día en los últimos acontecimientos de esas áreas. Fue duro para él ya que tuvo que resistir fiebres altas, batallar contra el paludismo y muchas privaciones, pero era un joven de armas tomar que con tal de seguir en su empeño de construir su propia casa, era capaz de trabajar duro y luchar a brazo partido por sus propios intereses.

Ken, que sabía muy bien cuáles eran sus ideales y dónde estaba su futuro, plantó miles de Palmeras Africanas y en ese diario batallar, un fatídico día en un descuido lo mordió una serpiente venenosa. Fue llevado con urgencia desde Mecana a Bahía Solano, al hotel de mi padre, donde fue atendido de inmediato por el médico del pueblo. Tuvieron que ponerle una enfermera que venia diariamente a cuidarlo, mas él se puso muy grave y se vieron en la necesidad de trasladarlo a la ciudad más cercana. Después de muchos cuidados se fue recuperando poco a poco y regresó a su propiedad, donde realmente él se sentía feliz, aquel lugar que aunque difícil y carente de muchas comodidades, se había convertido en su propio hogar.

Una de las principales empresas en esta costa del Pacifico colombiano, eran las riquezas de las arenas auríferas, ya que en aquellas tierras chocoanas era una de las mayores fuentes de trabajo. El oro se sacaba en las riveras de los ríos en bateas o bandejas de madera que los lugareños mecían y colaban en una especie de ritual engalanado por la esperanza y la lucha por un mejor futuro.

También allí vivía con su familia el inspector Escobar, encargado de los asuntos territoriales, quien otorgaba las correspondientes adjudicaciones de terrenos baldíos para los moradores y trámites de la colonia agrícola de la bahía.

Era muy común observar en el río Jellita a las mujeres de la región lavando su ropa, mientras cantaban o conversaban entre ellas. Estos menesteres los efectuaban en un ambiente de alegría, porque a pesar de su pobreza eran millonarias en su libertad de ataduras convencionales en ese mundo de escasos recursos económicos pero rebosante de otras cosas que las colmaban de vida.

Los días y las noches en aquella bahía pasaban lentos aún cuando todos vivían muy atareados. Mi madre trabajaba mucho y a pesar de que tenía una empleada permanente en la cocina y otros ayudantes no se daban abasto. Era tanto el trabajo que se veía obligada a cocinar también, a veces tenia que encender una estufa de leña que quedaba afuera, en la parte de atrás del hotel con aquel calor y humedad del ambiente, ya que las demás estufas estaban siempre ocupadas y había que servir a los turistas. Entonces yo miraba a mi mami que se le enrojecía la cara por el calor y el cansancio y era las únicas veces que yo la escuchaba expresarse fuerte y hasta maldecir.

Fabiola, la mayor de todos mis hermanos, parecía una hormiguita viajera, de acá para allá, siempre pendiente de los mínimos detalles, ayudando a mi madre en una lucha sin descanso pendiente de las plantas, de las habitaciones y de nuestros propios padres. Ella fue nuestra segunda madre, punto de apoyo principal de nuestras vidas, nuestra defensora, la que siempre a nuestro lado sin condiciones ni reparos, nuestra "Filo", como la llamamos todos con cariño.

Como lo mencioné, muchos de los habitantes de la zona era gente simple, lenta y tranquila que vivía precariamente una vida llena de sol y de esperanza, sin ataduras de tiempo. La bahía se caracterizaba por sus construcciones bajas y por sus chozas, la mayoría construidas sobre pilares. Algunas de estas construcciones tropicales eran muy cómodas, otras eran pobres y sencillas. Los caminos eran de tierra y todo era lento, el tiempo pasaba despacio, casi con pereza. Muchas de esas chozas contaban con solo una o dos habitaciones que les servían a sus moradores de dormitorio, sala, comedor y cocina. Todo lo hacían de manera organizada, alegres y tranquilos. En estos cuartos se acomodaban de seis a ocho personas, sino más. Al pasar cerca de aquellas casas se podían oler los aromas de las diferentes sazones al preparar el pescado, su plato del diario vivir. Todo se desarrollaba siempre en un ambiente sencillo y natural, rodeado de amor. Tenían hasta sus propios curanderos, de modo que cuando alguien se enfermaba, los llamaban y ellos, a base de rezos y de hierbas, trataban de encontrar la cura del mal que los embargaba, y aunque muchos de ellos morían, nosotros no podíamos hacer nada ya que teníamos que respetar sus creencias y sus tradiciones.

En el camino que daba al hotel se levantaban varias de aquellas chozas. Una de ellas era la de Macao, personaje muy querido de aquel pueblo y padre de Ana Lucía, una hermosa mulata que siempre que atravesaba la bahía con su caminar sensual hacia que todos voltearan sus miradas y a su paso se oía uno que otro piropo que le regalaban los que la veían cruzar.

Al cruzar el río Jella, uno se encontraba de frente con la choza de Maray, abuelo de Lucecita y de otra pequeña de la cual no recuerdo el nombre. Era una linda familia y nosotros, los más chicos, compartíamos nuestros juegos con las niñas. Lucecita tendría unos siete años y de la más pequeña no recuerdo su edad. Su abuelo era un viejo fuerte y luchador, pescador nativo con muchos años de lucha y de existencia y su abuela era una anciana centenaria que a pesar de su edad, todos los días pasaba caminando por el frente del hotel, recorriendo todo ese camino hasta el río Jellita con un cántaro en su cabeza, al cual llenaba de agua y regresaba encorvada pero firme hasta su choza, en silencio y pensativa. Sus arrugas eran dignas de respeto y de admiración y en esos silencios, marcados por recuerdos, se notaba toda una existencia de lucha y sacrificios. El abuelo, con su piel tostada por el sol y el mar, parecía cargar un cúmulo de viejas experiencias. A veces se mostraba melancólico y otras agradecido de la vida, porque a pesar de su entorno precario, él y los suyos eran dueños de su tierra y tenían su choza, que les brindaba abrigo y seguridad en una vida de dificultades y zozobras.

Este pueblo vivía de la cosecha de plátano y, como mencioné antes, de la pesca, por lo cual la mayoría de sus habitantes tenía su canoa. En su trabajo todo estaba sincronizado y lo llevaban a cabo con dinamismo y alegría. Una cultura negra e indígena. Como en todo pueblo de esa época había una costurera, una tienda principal, el sacerdote —que era el padre Correa—, el médico del pueblo, los perros callejeros, el panadero reconocido, que amasaba el pan en la casa de los Murillo, personas muy educadas y con un nivel de vida alto en aquella bahía de contrastes. Yo, que era amiga de todos y siempre andaba por la bahía correteando y brincando con la energía propia de la edad, disfrutaba comprándole los panecillos crudos —o sea, la masa del pan sin hornear—, porque eran para mí un manjar exquisito.

Entre todo esto vale nombrar al señor Ernesto, un caballero español que era también un hombre luchador. Todos en el pueblo lo querían mucho y él era dueño de la tienda principal, un negocio grande muy bien montado, tipo miscelánea o almacén de ramos generales, en el cual se podía comprar, además de víveres, una infinidad de otros artículos.

Era natural encontrarse con indígenas que procedían de la selva y llegaban en sus piraguas o canoas cargadas de frutas, de pescado y de vegetales, ya que era su manera de hacer intercambio comercial en el pueblo. Los pobladores se arremolinaban allí y entendiéndose por medio de dialectos y en un ambiente de camaradería efectuaban sus transacciones del día. Así los indígenas se abastecían de algunas provisiones y ya caída la tarde emprendían su regreso a la selva de donde procedían y acostumbraban andar bastante seguido por el pueblo. Eran indios de constitución fornida, con las caras pintadas con sustancias de plantas extraídas de la selva por ellos mismos, sustancias con las que hacían pomadas de color azul, rojo, blanco y negro. Me imagino que para ellos el hecho de pintarse tendría algún significado, aunque entonces era yo muy niña para comprenderlo. Los hombres tenían por vestimenta solo una especie de taparrabo y las mujeres usaban una manta atada a la cintura que dejaba sus pechos al descubierto. Cargaban a sus bebés con unas amarras o cintas anchas que se ataban a la espalda y los llevaban a veces al frente y otras detrás y cuando llegaban al pueblo, se sentaban muy tranquilas en cualquier lugar para amamantar a sus hijos. Eran nativos pacíficos pero audaces y astutos; muy luchadores, cuidaban mucho a sus mujeres e hijos, hacían sus reuniones entre ellos y tomaban chicha —una bebida fermentada que los enajenaba y los ponía eufóricos—, que preparaban con maíz y frutos silvestres.

En varias oportunidades Ofelia trató de regalarles blusas a las indígenas, pero ellas se las devolvían y le daban a entender con ademanes que lo que ellas querían eran collares y adornos.

Solíamos reunirnos a la tarde o por la noche en el frente del hotel, sentados en las cómodas sillas de uno de sus corredores, a conversar en tertulias familiares o para contemplar las estrellas y poder escuchar el canto de los grillos, acompañado por la brisa y el murmullo que hacían las olas del mar al llegar a la arena en su continuo ir y venir. Papi era muy soñador y siempre nos enseñaba a contemplar todas estas cosas naturales que formaron en parte en todos nosotros una existencia algo romántica y soñadora.

Una tarde de esas estábamos reunidos —era un 28 de Diciembre—, cuando de pronto escuchamos el retumbar de tambores, unos cánticos y mucha algarabía. Todos nos quedamos en silencio cuando vimos llegar a un grupo de indígenas que se adueñaron del hotel, para celebrar el día de los inocentes. Venían pintados y con unos sacos o bolsas de papel café que cubrían sus caras y esas bolsas tenían huecos para los ojos, nariz y boca. Danzaban y tocaban sus tambores y flautas, involucrándonos a todos nosotros en su celebración. Papi nos hizo señas de que participáramos y no dijésemos nada, a pesar del miedo que nos daba. Nos sacaron a danzar con ellos, se quedaron un momento y luego se fueron sin decir palabra, mientras con sus manos hacían ademanes de agradecimiento y en sus dialectos entonaban canciones y danzaban con alegría. Mencioné que nos atemorizaba su presencia, porque yo había tenido una mala experiencia con uno de ellos una mañana en la playa.

Una de las cosas que más me atraía de pequeña, era mirar el mar sentada en algún tronco caído en la playa, mientras pensaba y soñaba. Aquella era una mañana preciosa y estaba contemplando el mar cuando sentí que alguien me observaba. Me alertó esa inquietud que se experimenta cuando percibimos que alguien nos sigue o nos observa fijamente. Cuando me di la vuelta, comprobé que efectivamente mi instinto no me engañaba: un indio se encontraba a poca distancia, observándome fijo, como un felino al acecho y poco a poco se empezó a acercar hacia mí con lentitud y sigilo. Recuerdo haber sentido un pánico terrible y haberme levantado de donde estaba sentada para empezar a correr con desesperación. Atravesé el río Jella —usualmente con marea baja el agua apenas llegaba a los tobillos—, no podría decir cómo, ni tampoco cuánto corrí, pero aún me parece sentir que el corazón se me quería salir del pecho.

En mi desesperación por huir de allí me empezaron a faltar las fuerzas y temí que me fuera a desmayar de tanto que me dolían las piernas. El indígena me seguía, corriendo con más facilidad y velozmente. Yo era una niña flaca y ágil y no sé cómo, pero llegué a una de las casas del pueblo y entonces como pude —casi sin poder hablar por la agitación—, les expliqué a los dueños del lugar que un indio me estaba persiguiendo y ellos me hicieron entrar en su casa, protegiéndome. Al ver que yo había conseguido refugio, el indio se quedó un momento esperando afuera, pero cuando vio salir al dueño de la casa, desapareció corriendo hacia la espesura. Los dueños de casa me tranquilizaron y me acompañaron hasta el hotel, sin dejar de aconsejarme que tuviera cuidado y nunca más anduviera sola por esos lugares solitarios.

El mar

Los días transcurrían tranquilos y llegaban muchos turistas ansiosos de conocer aquellos lugares distantes del Pacífico colombiano. Jamás olvidaré el olor característico del mar y de la selva, esa mezcla de sal, humedad y aroma de flores como también la gran variedad de maravillosos frutos que allí crecían: palta —o aguacate—, guanábana, papayas, cocos, borojó, ciruelas, guamas y otras que tal vez por esa zona tan tropical y húmeda, eran de gran tamaño y además muy dulces.

Nuestro perro *Boca Negra* —un pastor alemán— era un compañero inseparable y casi siempre andaba tras de nosotros, cuidándonos. Cuando nos íbamos a bañar al mar dejábamos las toallas, zapatos y demás pertenencias en la playa sobre la arena. *Boca Negra*, se echaba junto a nuestras cosas, vigilándonos a nosotros y también a nuestras pertenencias.

Un día mientras nosotros jugábamos en el agua —serían más o menos las cuatro de la tarde—, empezamos a notar que *Boca Negra* estaba súper inquieto. Nos ladraba y aullaba en un continuo desespero, se metía al agua y con su hocico nos empujaba, como si tratara de sacarnos, pero ninguno de nosotros le hacía caso. Mami, Ligia María, Fabiola, Ofelia y yo seguíamos en nuestra algarabía, nadando y jugando.

De pronto miramos a la playa y vimos a nuestro perro corriendo velozmente hacia el hotel. Como estábamos divirtiéndonos mucho nos pareció gracioso ya que pensamos que se había disgustado porque nadie le había prestado atención a sus aullidos. Entonces, poco a poco empezamos a mirar al cielo porque se sentía un aire caliente extraño y la brisa empezó a convertirse lentamente en viento fuerte.

Mami se inquietó un poco y cuando nos estaba diciendo que saliéramos del agua vimos que papi venia a toda prisa por la playa, tironeado por el perro que lo traía a empujones y ladridos hacia nosotros. Fuimos saliendo del agua, alarmadas, porque casi sin darnos tiempo se fue poniendo el cielo todo negro. El viento rugía cada vez más fuerte y el mar se convulsionó terriblemente, formando un oleaje de pánico. Los pájaros emitían ruidos extraños y formaban hileras que parecían letras y volaban buscando refugio en sus nidos de la selva. Las palmeras se sacudían y todo se estremecía con aquel temporal. Era una tormenta entre mar y selva, parecía un diluvio, la oscuridad lo envolvió todo en cuestión de minutos y el agua del mar creció de forma aterradora.

Corrimos a refugiarnos al hotel. Los turistas fueron llegando uno a uno muy asustados y afligidos. El hotel estaba construido sobre pilares y al aumentar la fuerza del oleaje el agua empezó a cubrir los senderos, así que quedamos rodeados de agua de mar, pero fuimos todos muy afortunados al poder llegar pronto al hotel. Apenas podíamos creer lo que estaba pasando. Era realmente increíble aquella tormenta de relámpagos y truenos; la selva parecía más espesa y profunda y el viento no sólo hacía volar hojas sino cuanto se atravesaba en el camino.

Cerramos todas las puertas de prisa, comprobando primero que estuviéramos todos y juntos y pedíamos a Dios que pasara pronto esa tempestad, mientras nuestro perro se acurrucaba a nuestros pies y nosotros lo mimábamos atónitos, al comprobar que su instinto lo había hecho percibir lo que se venía.

La lluvia continuó cayendo con fuerza el resto de la tarde y toda la noche, las olas hacían un ruido ensordecedor al reventar en la playa y los caminos seguían cubiertos de agua. Fue una noche inquietante. Esa selva con toda su vegetación recibía la abundante lluvia como si fuera el diluvio universal. Así fueron corriendo las horas hasta que llegó el amanecer, despejado y con un sol radiante, queriendo dar ánimos con sus tibios rayos, acompañado de una calma infinita, como si todo lo sucedido no hubiera sido otra cosa que una horrible pesadilla. La única prueba de que había pasado un tormenta, era la cantidad de hojas, ramas, árboles caídos en la playa, una vez que el agua comenzó a bajar.

Cuando la marea subía, en la parte de arriba del río Jella, muy atrás, se encontraba el estero que era un lugar lleno de plantas de la selva y acuáticas que al subir la marea y llenarse con el agua de mar, formaba un lago enorme y cuando bajaba el agua se quedaban atrapados en las plantas miles de cangrejos y de peces que eran el deleite de todos, por eso lo visitábamos muy seguido. Jaime se pasaba horas pescando ahí. Rodri y yo llenábamos nuestros baldes de peces pequeños y se los llevábamos a la cocinera del hotel —una señora de nombre Damaris—, que mas o menos nos consentía, seguía nuestras inquietudes y nos daba los gustos.

Para decorar el restaurante y el bar del hotel, Jaime se las ingenió de una manera muy peculiar y bella: todo era tropical. Las lámparas las hizo con unos canastos tejidos por los indígenas. A la entrada del restaurante había unos lazos en forma geométrica que iban enganchados en argollas —una especie de anillos—, dando una ilusión óptica acogedora y un poco romántica. Rodri y yo éramos los encargados de pelar la caña brava, un tipo de caña larga y no dulce, que él usó para decorar el interior. Por cada varilla de caña que pelábamos, Jaime nos pagaba y ese dinero lo guardábamos discretamente. Pelamos y pulimos cantidad de estas varas, sin descanso aunque era un trabajo muy agotador porque esas varas eran filosas, cortaban y se nos quedaban astillas de ellas en las yemas de los dedos. Pero como nos pagaban, nos sentíamos en nuestro mundo de niños muy halagados e importantes, ya que pensaban en nosotros y nos daban ese tipo de responsabilidades. Una vez terminado el trabajo reunimos lo que nos habían pagado, nos pusimos de acuerdo y nos dirigimos al pueblo y allí nos gastamos todo el dinero en comprar leche condensada. Cuando regresábamos al hotel, nuestros ojos brillaban de felicidad, veníamos cargados de latas de leche condensada, un verdadero banquete para nosotros. Entramos a nuestros cuartos, guardamos bien nuestro cargamento y fuimos sacando de a dos latas cada uno, las abrimos y nos las comimos todas. Nos sentíamos reyes del mundo por disfrutar de ese exquisito manjar que, por supuesto, a las pocas horas hizo sus efectos: nos indigestamos. Tuvimos fiebre, diarrea, escalofríos, vómitos y estuvimos en cama varios días. Desde aquel momento, pasaron muchos años sin que ninguno de los dos pudiéramos siquiera sentir el olor de la leche condensada, aunque luego, ya con el tiempo y siendo mayores, siempre ocupó un puesto de preferencia entre nuestros postres.

Los nativos del pueblo tenían una forma muy especial de pescar el camarón. Durante la noche los pescadores se ponían unas lámparas en la cabeza —sobre la frente exactamente— y con arpones largos se dirigían al rió Jellita y se metían con sigilo en sus aguas, observando con atención dónde se encontraban. Entonces los encandilaban con sus luces y así los engarzaban en sus arpones y en silencio iban llenando sus baldes con tan preciada pesca. A esta práctica, ellos la llamaban *embilar*. Eran varios los que salían de pesca y participaban en esa clase de ceremonia en la oscuridad de la noche, acompañada por el silencio y las luces que reflejaban en el agua como si fuera un gran espejo. Era como observar una larga procesión que infundía respeto y admiración.

Algunos hombres de la región tenían nombres como Margarito, Mercedito, etcétera, buena gente, amables, trabajadores y honestos, que vivían unas vidas desordenadas, tenían dos mujeres y vivían con ellas en la misma choza, porque consideraban esto perfectamente normal. Pasaban necesidades y padecían privaciones de todo tipo; tenían hijos uno detrás de otro, los que muchas veces crecían sin cuidados y a merced de la misma vida, día a día según lo que iba aconteciendo.

De la planta eléctrica del hotel también se abastecía de electricidad un estadero o restaurante, que montó a escasa media cuadra un joven con el mismo nombre de mi hermano y su socio Javier. Javier tocaba muy lindo el acordeón y cantaba precioso. Ellos eran muy luchadores y en su restaurante ponían linda música y vendían licores y bebidas refrescantes, por lo que se transformó en el sitio de reuniones y charlas de todos los pescadores y gente del pueblo.

El local se llamaba MJ y mi hermano Jaime les hizo un mural con formas geométricas y caras que le dio un toque muy especial al restaurante. Poco tiempo después de haber inaugurado el lugar, ellos montaron su propia planta generadora de luz.

En las noches de luna los caminos iluminaban y la mar se veía serena y tranquila, la brisa suave mecía las palmeras y se escuchaban los sonidos de la selva que emitían desde sus refugios los diferentes animales. Todos nosotros acostumbrábamos reunirnos en camaradería a charlar, contábamos historias de antepasados, de tesoros escondidos y de espantos y los más pequeños nos acurrucábamos al lado de los más grandes porque, a pesar de las hermosas noches, la oscuridad nos atemorizaba y así nos sentíamos protegidos y entre jugos para los más pequeños y café o una que otra cerveza bien fría para los mayores, nos sentíamos ricos de afectos y con el alma en paz. Era maravilloso aquel entorno familiar en el cual entonábamos canciones y se iba haciendo tarde sin apenas percatarnos de ello.

Cuando las noches estaban serenas, Fabiola y Jaime, con su juventud a flor de piel, a veces se escapaban al *Hotel del Teniente*, ya que allí de vez en cuando se organizaban bailes, acompañados del tamborileo y saboreaban una rica cerveza. Se divertían mucho, se encontraban con mucha gente joven y Jaime cuidaba de mi hermana, mientras pasaban una noche alegre que los sacaba del trabajo diario y de esa rutina de esfuerzos. Otras noches el centro de reunión, era el restaurante MJ, porque mi padre era muy estricto y en su hotel no permitía bailes ni reuniones que alteraran la paz de los turistas y de nosotros, su familia, que vivíamos ahí.

Otro de los lugares en los que solían hacerse bailes y reuniones era en lo de Doña Justina, una mujer muy agradable, persona muy noble, que era una de las líderes del pueblo.

El otro líder era un señor que vivió allí toda su vida, al que apodaban Paco Loco. Era el que se encargaba de recibir los aviones y estaba pendiente de todos los asuntos políticos y de las necesidades de toda la bahía, siempre estaba ayudando a todo el mundo. Dueño de una personalidad agradable y dinámica, era muy acelerado e impulsivo pero de gran corazón, que hablaba a gran velocidad con una voz fuerte y siempre andaba a mil, al lado de quienes lo necesitaran.

MIS HERMANOS

LIGIA MARÍA y María Isabel eran muy pequeñas y con Ligia, Rodri y yo siempre teníamos problemas. Ella nos seguía a cualquier lugar que fuéramos y a pesar de sus cinco años, tomaba biberón. Para quitarle el vicio de que se tomase la leche como si fuera una bebé, yo un día le puse sal a la leche y así fue la única forma de poder hacer que ella dejara el biberón para siempre.

Una mañana que me iba al pueblo y Rodri y Ligia se me unieron, pasamos por la calle principal de la bahía los tres de la mano y al llegar a la costurera, colgando de una percha en una puerta, vimos un vestidito amarillo de velo con botones azules. Ligia María se enamoró de él, a mí me pareció precioso para ella y, por supuesto, Rodrigo hacia lo que nosotras quisiéramos. Así que preguntamos cuánto costaba y estuvimos regateando un poco con la costurera. Después de ponernos de acuerdo en el precio, corrimos al hotel a pedirle dinero a mami, la aturdimos diciéndole que el vestido era un sueño y "Por favor mami, es precioso, Ligia necesita ese vestido, sería muy triste que alguien se lo llevara,

¡por favor!". Ligia María con sus cinco añitos estaba arrebatada también por conseguirlo.

Tanto insistimos que papi nos dio el dinero y salimos corriendo a comprarlo. Estábamos maravillados con tan hermosa adquisición, yo creía que era precioso pero al llegar al hotel, cuando abrimos el paquete, los ojos de mami se agrandaron de espanto porque en realidad era horrible. ¡Pobre Ligia! Tuvo que usar ese vestido varias veces hasta que por arte de magia se desapareció. Por supuesto, mami fue la que ahí hizo el milagro de esa magia. Está de más decir que con nuestros pocos años, carecíamos de sentido lógico en combinación de colores, telas y diferentes materiales, mas creo que lo que sí no desconocíamos, eran los sentimientos y la emoción que todo aquello despertó en nosotros.

Los tres éramos inseparables. María Isabel era demasiado pequeña, por lo tanto no nos permitían que la lleváramos con nosotros, dependía cien por ciento de mis padres y Filo (Fabiola), la cuidaba con amor y desvelo. Por lo demás nosotros éramos tan inquietos y siempre inventando algo nuevo para hacer, que creo que nos tenían un poco de desconfianza y yo, con mis once años, siempre dirigía.

Jugábamos en la bahía y cuando llegaba la marea alta el río Jella se volvía navegable. Nosotros estábamos tan entretenidos jugando, que nos olvidábamos siempre de la marea y en lugar de atravesar el río en canoa buscábamos, en nuestra inmadurez de niños, pedazos de madera de balsa y apoyados en ellos movíamos nuestros pies en forma de remo y atravesábamos esas aguas, sin tener el menor sentido del peligro, ignorando las corrientes, porque nuestra única meta era llegar a la otra orilla y una vez allí, nos sentíamos reyes de un mundo que aunque primitivo, era nuestro reino.

Cuando nos íbamos a recorrer la orilla del río Jella que llevaba hacia el estero, nos embelesábamos mirando como subían con la marea los cardúmenes de peces que eran tantos que saltaban del agua en su desespero por subsistir, eran de un blanco nacarado, del tamaño de la palma de la mano, una especie de sabaletas plateadas que muchas veces fueron el deleite de nuestros paladares. En esa niñez inquieta, al observar esa maravilla, yo agarraba piedras planas y las lanzaba con cuidado al agua. Los peces, que eran muchos, se desesperaban y en su desespero saltaba uno que otro a la orilla y Rodri y yo presurosos los agarrábamos y los poníamos en un balde con agua. Era increíble la agilidad que tenía para pescar de esa manera, ya que había que buscar el momento justo en que algunos de los peces de los cardúmenes saltaran en el agua, cerca de la orilla. A veces nos pasábamos horas observando y no lográbamos nada, otras se transformaban en momentos de júbilo por la pesca que conseguíamos.

Por esos días y en aquel lugar donde pronto comenzaría mi juventud, para mí todo aquello era mágico, pues yo era una chica de once años soñadora y muy romántica, y a esa edad se juega a ser mayor solamente con el tibio conocimiento de la inocencia y el anhelo de encontrar una identidad propia, acompañada de las fantasías e ilusiones de esos días color rosa, donde mezclamos la fantasía y la realidad. Por eso a cada cosa que sucedía le atribuía un toque especial y hasta lo mas rudo y feo yo lo convertía en una experiencia alegre y llena de color.

En esos años en que estábamos despertando en una curiosidad y tratando de indagar y conocer todo, una mañana Rodri y yo nos levantamos temprano y nos dirigimos a la playa que siempre era nuestro lugar preferido y nos fuimos alejando del hotel caminando por la arena. Al rato, y como nos encontrábamos un poco cansados, nos sentamos en un tronco de árbol caído sobre la playa y como chicos necios y curiosos que jugaban a ser adultos, nos pusimos de acuerdo para rellenar unos pedazos de madera —que eran del tamaño de un cigarro y vacíos por dentro—, con hojas secas de las plantas de la selva. Así que rellenamos estos palos y los encendimos en sus puntas con un encendedor que traíamos escondido, empezamos a fumar de ellos entre risas y juegos. El humo que soltaba era fuerte y tóxico y por momentos nos ahogaba pero nosotros, entre bromas y simulando ser mayores, los consumimos todos.

Fuimos perdiendo la noción del tiempo, la cabeza nos daba vueltas, así que decidimos regresarnos al hotel. De pronto empezamos a ver pájaros enormes, de tamaño descomunal, que nos perseguían. Era una pesadilla. Empezamos a correr, Rodri se reía como loco y yo lloraba, totalmente mareada. No sé cómo, pero llegamos al hotel y nos fuimos directo a nuestros cuartos; nos tapamos con las frazadas y mantas, presos ambos de un pánico terrible, imaginando que esos pájaros nos iban a atrapar y que íbamos a morir. Así, temblando de miedo, nos quedamos dormidos.

Lo que no sabíamos era que entre esas hojas, había hojas de plantas alucinógenas que fueron las causantes de las visiones y el pánico. Fue peligroso —y esto lo supimos con el tiempo—, porque realmente pudo habernos sucedido algo grave, ya que al fumar estas plantas nos convertimos en marionetas activadas por un temor infinito que nos hacía ver figuras imaginarias.

Nuestra mami al ver que dormíamos y dormíamos se preocupó muchísimo y nos preguntó qué nos pasaba, porque era extraño vernos dormir así. Cuando se enteró de lo sucedido llamó al médico quien, después de revisarnos, le dijo que nos habíamos drogado. Nos prepararon un brebaje para vomitar y mami nos regañó muchísimo y se disgustó con nuestra actitud irresponsable. Luego, muy enojada y seria, nos explicó el peligro a que nos habíamos expuesto. Algunas horas más tarde nos mandó a preparar un té especial para ambos —debe de haber sido té de manzanilla que era el té milagroso para ella— y nos hizo prometerle que nunca más haríamos algo así. Nosotros pagamos las consecuencias, porque nos sentimos cansados y bastante abrumados durante varios días.

Nos encantaba ir a la bahía desde el hotel, cruzar el río y llegar al pueblo y entonces pasar por la casa del señor Murillo, donde el panadero del pueblo amasaba el pan fresco y exquisito. El pretexto de que nuestros padres les enviaban saludos a la familia Murillo era solo un plan de nosotros, los pequeños, que sabíamos que allí era donde se hacia el pan en hornos de piedra y ese olor del pan recién hecho nos llevaba hasta él y con disculpas llegábamos siempre a tiempo. Por supuesto los Murillo debían estar enterados de que nuestra intención era poder conseguir el pan recién horneado, entonces nos daban uno calientico y nos regalaban alguno crudo que era mi delirio, que a veces lo comprábamos por pena. Así nos despedíamos muy cortésmente y nos marchábamos felices, pensando que éramos astutos, cuando en realidad todos sabían que era el pan lo que nosotros perseguíamos.

Ligia María, Rodrigo y yo, solíamos recorrer terrenos selváticos persiguiendo lagartijas —unas de color verde eléctrico y otras de tonos tierra con blanco—, y tratábamos de agarrarlas, pero eran muy veloces. Pasábamos muchas horas en el estero buscando ranas y no les temíamos a las serpientes. Como la selva era extensa, aparecían en la bahía muchas serpientes, alacranes, arañas. Yo adoraba las iguanas. Para mí, en aquellos años, todo era mágico.

Nuestros días casi siempre comenzaban temprano. Para nosotros visitar el estero era una maravillosa aventura. Al fondo del mismo había una choza muy escondida, casi a donde comenzaba la selva, y el día que la descubrimos nos dirigimos los tres hacia allí y nos salió al encuentro un señor de edad mediana, alto, de piel oscura ajada y reseca, al que le faltaban muchos de sus dientes. Cuando nos vio se sorprendió mucho porque él sabia que éramos los hijos de Jaime Betancourt. Nos saludó cortésmente y nos preguntó que hacíamos por esos lugares. Muy decididos le contestamos que estábamos explorando y que ya que él estaba ahí, nos interesaba mucho una canoa que el tenia al frente de la choza, rellena con tierra en la que tenía sembrada cebolla de hoja.

Él tan solo comenzó a reírse y nos replicó que esa canoa no estaba para ser negociada. Era como si nos hubiese dicho "Llévensela", porque ese no se transformó en un desafió para conseguirla y de la misma forma como habíamos hecho con el vestido amarillo para Ligia, Rodri y yo comenzamos la negociación por la canoa.

Después de mucho negarse el señor terminó sacando las cebollas y tierra, limpió bien la canoa, luego le echó un poco de agua y nos la entregó. Recuerdo que cuando nos la dio se veía un poco malhumorado, quizás cansado por nuestra insistencia. Llegamos a un acuerdo asegurándole que, como él sabía quién era nuestro padre, después pasaríamos de nuevo a pagarle y en esto sí nosotros éramos puntuales. Dicho esto salimos con nuestra canoa. Rodri y yo la llevábamos cargándola entre los dos.

Cuando llegamos al hotel, nos encontramos con Jaime —que tenía una canoa llamada "La Gaviota"—, que fue nuestro salvador, porque si bien al principio miró a la canoa con desdén, al ver en nuestros ojos reflejada la ilusión que teníamos, nos apoyó diciéndonos que él nos la arreglaría y así fue. Le agregó un poco de madera balsa, la pintó de blanco y verde y, después de bautizarla "El Gavilán", hasta nos regaló dos remos. Ya éramos dueños de un tesoro invalorable, nuestra propia canoa, que participaría en muchas de nuestras aventuras y desde la cual, navegando, a veces veíamos en la playa uno que otro jabalí o cerdos salvajes que eran para los nativos motivo de enorme alegría porque, pese a la furia y desconcierto de esos animales, se dedicaban a cazarlos.

Cuando se desataban las tormentas, el agua caía sin misericordia. A veces llovía sin parar días enteros. Entonces las mañanas eran grises y tristes, todo estaba húmedo y el panorama cambiaba de manera increíble: el mar perdía sus tonos azulados, pero la vegetación se volvía deslumbrante, el agua la hacía crecer y tener más fuerza y sus tonos verdes se acentuaban más aún.

Mi viejo siempre nos rodeó de todo. Nos enseñó que en la vida, si queríamos salir adelante, teníamos que luchar y tener confianza en nosotros mismos, que nunca nos teníamos que acobardar ante nada. Mami igual. Ella tenía su grado de profesora, aunque nunca ejerció. Era muy afecta a lo artístico, le gustaba mucho la lectura y siempre estaba estudiando algo nuevo; le apasionaba estudiar y siempre tenía en sus manos un libro de inglés —lo recuerdo—, con su cubierta de un color vino tinto. Ella se pasaba horas y horas estudiándolo. Los libros la apasionaban y siguieron haciéndolo con el paso de los años. Nos enseñaba todo por medio de máximas, era estricta y práctica y no le gustaban las cosas a medias: o todo se hacía bien o no se hacía. No era muy paciente —hay que decirlo—, tenía su genio y más nos valía que respetáramos su espacio.

Fabiola, el sol de la casa, tierna y desprendida siempre estaba tolerándonos todo, dándonos todo, como la madre Teresa. Para ella nada era sacrificio si se trataba de hacer algo por nosotros; era capaz de dejar de comer para darnos a todos su comida.

Era amorosa, dulce, bondadosa, crédula, sencilla y noble; creo que no alcanzan los adjetivos para conceptuarla. Siempre estuvo pendiente de mis viejos y mi casa no hubiera sido mi casa sin ella. En la cocina, ella siempre se las ingeniaba para hacer esas exquisitas panelitas de coco, los bizcochos o tortas de novia con su cubierta blanca y adornos de filigrana en azúcar, o sus bellas mimosas de azúcar como adornos. Sus manos siempre han sido un prodigio en la repostería. Ella es un orgullo para mí, de ella he copiado muchas cosas y le doy gracias a Dios y a la vida por tenerla como hermana.

Cierta mañana calurosa mi hermanita pequeña Maria Isabel —por entonces tenía dos años—, se encontraba sentada cerca de las escalinatas de la entrada principal del hotel, que estaban ubicadas sobre un terreno descampado y arenoso. Jugaba con la arena y se hallaba muy entretenida cuando de pronto, sin que nadie lo notara, una serpiente la fue rodeando con su cuerpo hasta dejar a la niña atrapada, envuelta muy suavemente, sin oprimirla. Sólo se le veía la cabecita de María Isabel que jugaba inocentemente, sin saber en el peligro en que se hallaba.

Cuando iba a empezar a azotarla con su cola —que así es como estas víboras matan a sus víctimas—, la niña balbuceó algo y mami alcanzó a verle. Como loca pero en silencio, corrió a buscar a mi padre y todos los seguimos para ver qué sucedía. Papi sacó un rifle, pero no podía disparar porque corría el riesgo de matar a la niña. Estábamos todo en estado de pánico. Hicimos ruidos suaves para tratar de llamar la atención del reptil, pero no ocurrió nada.

En ese preciso momento pasó un señor del pueblo y al ver lo que allí acontecía nos hizo señas de que nos alejáramos un poco en silencio y lo dejáramos a él obrar. Él empezó a emitir unos sonidos extraños y una especie de cántico, tratando de llamar la atención de la serpiente, la cual al compás de esos ruidos se fue desenroscando suavemente y se alejó como si nada deslizándose sobre la arena, perdiéndose en la selva espesa.

Nosotros no salíamos del asombro. María Isabel estaba ilesa y todos la abrazábamos, atónitos por lo que acabábamos de observar. Fue una experiencia espantosa, algo que no puedo describir con palabras, un momento aterrador. Realmente la vida en la bahía era salvaje y teníamos que aprender mucho de los moradores del lugar, que conocían la selva como ninguno, eran expertos en sacar el veneno de las picaduras de serpientes, y capaces de distinguir las plantas curativas de las venenosas. Nada les asustaba, habían nacido allí y ese medio ambiente lo dominaban en su afán de sobrevivir y defenderse y cuidar de los suyos. Era maravilloso ver como se trepaban a las palmeras con una agilidad asombrosa —como si fueran monos— a buscar cocos. Cómo abrían y partían uno de un machetazo y con tres certeros golpes le sacaban su caparazón casi entera.

El hotel tenía al lado del restaurante y en la parte de atrás una bodega, que era un cuarto grande donde se almacenaban todos los comestibles enlatados, los granos y las bebidas. Allí mami y Fabiola eran dueñas de un osado sapo, muy familiar, que se robó el corazón de las dos. Todos los días al abrir la despensa muy temprano en la mañana, el sapo salía de ahí dando brincos y a eso de las cinco de la tarde regresaba y esperaba por los rincones a que ellas le abrieran la despensa para poder entrar para guardarse. Era algo peculiar e insólito y esta situación es la prueba de que tanto los animales como los seres humanos, necesitamos sentirnos seguros y protegidos.

Entre todas las costumbres de aquella época, recuerdo que mi hermano Jaime participó en uno de los funerales del pueblo, que lo impresionó a tal punto que le dejó un recuerdo terrible.

Una de las nietas de Maray había enfermado y llamaron al curandero del pueblo. Cuando éste llegó empezaron a cortar hierbas para hacerle una curación a base de rezos y de bebidas, porque aunque la niñita se estaba muriendo ellos decían que estaba poseída por un espíritu maligno. Como ellos vivían de forma precaria era muy fácil coger parásitos o infecciones intestinales, pero nadie podía intervenir en sus costumbres y creencias, así que después que el curandero trató de sanar a la niña, tuvo que darse por vencido y la pequeña murió.

Jaime fue a dar el pésame y se vio envuelto en un ritual de festejos donde tomaban chicha y aguardiente y celebraban durante tres días, mientras la niña muerta estaba cubierta por una sábana blanca, rodeada de todos los que allí danzaban y tomaban sin parar. Para Jaime ver eso era horrible y le dejó —como una huella profunda— un recuerdo imborrable.

Bahía Cupica

Se acostumbraba ir en lancha a Bahía Cupica o llegar hasta allí después de una larga caminata. Esta bahía —al final de la misma había un barranco donde comenzaba la cordillera—, era hermosa. Todos estos lugares eran paradisíacos y allí se transformaban los sueños en aventuras. Ese mar de tonos diferentes teniendo ese infinito siempre de fondo, todos esos tonos verdes y azulados mezclados con ese verde profundo de una vegetación selvática y el sol como cómplice perfecto en aquel marco de bellezas naturales.

Bahía Cupica quedaba casi en la punta final, después de todas las playas, y se necesitaban dos días para llegar si uno se aventuraba a ir caminando por la costa. Se salía temprano, se dormía allí y al otro día se regresaba de nuevo a Bahía Solano. Jaime se fue con un guía de la región. Eran unos cuantos kilómetros de distancia y durante el trayecto se podía apreciar la belleza natural de aquellos parajes agrestes, en un ambiente relajado y típico que tenia como único atractivo esas vistas espectaculares. Al llegar casi al anochecer, se hospedaron en un rancho y de inmediato, antes de que oscureciera por completo, se dedicaron a preparar algo para cenar, ya que el hambre empezaba a hacerse sentir. El guía sacó un cuchillo, hizo en el barranco un hueco grande por un costado y otro arriba, como si fuera una especie de volcán. En el hueco del costado encendió un fuego con leña y sobre las brasas, en hojas de plátano envolvió parte de la pesca del día que ya habían limpiado bien. También puso unos plátanos y yucas envueltas también en esas hojas. Jaime, que se maravillaba con las habilidades y las artes de las gentes de esa región —expertas en la caza y la pesca—, nos contó que nunca había comido algo tan sano y con un sabor tan delicioso en su vida.

Las tardes eran calurosas y muchas eran preciosas, sin humedad y secas, con matices de colores, selva y mar en un absoluto dominio de paisaje con gracia y coqueteo, bajo un cielo sutil y celoso que teñía en la lejanía con visos nacarados. Hermosas mañanas, tibios y aterciopelados atardeceres mezclados con pinceladas de tonos naranja y amarillo que luego se desvanecían con el embrujo de la noche que llegaba de traje largo y acompañada de la luna, como si sus silencios guardaran los secretos de todos los habitantes de aquella bahía hechizante.

Las tribus locales tenían como representante del gobierno al doctor Cores, que era el delegado del reparto indígena de esa zona y que cuando llegaba a la Bahía, se hospedaba en el hotel de mi padre. Él resolvía todos los problemas de las culturas indígenas y organizaba los fondos y regalías del gobierno para estos propósitos. Cores se enamoró de Lis —una linda chica de la Bahía—, con quien se casó y se radicaron en Bahía Solano.

Una de las historias que más nos impactó a todos fue la hazaña del señor Aurelio, un hombre que tenía una situación económica muy precaria. Un día este hombre acopió algunas provisiones y se internó en la selva, emprendiendo con su esposa e hijos un asombroso viaje desde la ciudad de Quibdó hasta Bahía Solano, a través de una selva colmada de peligros, con el calor opresivo de día y las incertidumbre de la noche con sus sonidos misteriosos, en esa vegetación frondosa y llena de misterios, animales e insectos.

El trayecto debe haber sido muy difícil para todos. No quiero pensar siquiera en lo complicado de esa travesía, más aún porque llegaron sin un céntimo a la bahía después de muchas jornadas agotadoras y angustiantes, durante las cuales solo los impulsaba su deseo de salir adelante y así lo hicieron.

Pasado algún tiempo y luego de grandes vicisitudes y de haberse refugiado en la bahía, comenzó desde cero a construir su futuro y el de los suyos. Estando ya radicado allí, se dio cuenta del potencial que había especialmente en el turismo que iba llegando y que se enamoraba de aquellos parajes de ensueño, por lo tanto empezó a negociar con los moradores sus tierras, las cuales vendía y poco a poco fue afianzándose en la actividad de bienes y raíces hasta gozar de prestigio en la zona, comprando y vendiendo casas, cabañas y terrenos. Así éste hombre admirable resurgió de la nada, creando su propio porvenir y el de su familia.

El señor Forero con su familia también se instaló en Bahía Sola y también se dedicó a negocios de bienes y raíces además de montar un negocio de ferretería. Sus hijos eran muy unidos. Inés, su hija era muy amiga de Ofelia y Jaime, siempre salían y eran muy compañeros.

Yolanda se pasaba los días en la bahía muy ocupada, era muy amiga de todos y allí comenzó la gestación de su primer hijo con sus malestares lógicos de un embarazo. Ella acompañaba a Oscar a todos lados y muchas veces nos visitaba. Atravesaban el pueblo caminando por la calle principal y luego, cuando la marea estaba baja, pasaban a la otra orilla y se dirigían al hotel donde se quedaban hasta antes de que la marea volviera a subir, entonces se regresaban a su casa. Otras veces estaba dedicada a ayudar con diferentes obras cívicas y era amiga de las monjitas del pueblo, una congregación de las hermanas de las misiones.

Al saber que Yoli esperaba su primer bebé, Jaime la consentía mucho y siempre esperaba las canoas indígenas que llegaban cargadas con frutas, entonces compraba las frutas y se las llevaba para que ella se cuidara y alimentara bien.

Una preciosa mañana salieron varias personas con afán de inspeccionar los lugares cercanos, para poder analizar las necesidades en el campo educativo y poder hacer un recuento de lo que en realidad necesitaban las aldeas o caseríos, respecto de materiales para la educación y mejoras en esas plazas. Era un grupo constituido por el señor Guerra, inspector de policía del área; la esposa del dueño de la barcaza El Tributo que era la barcaza que hacia los viajes a los Vidales; tres funcionarios de educación de Quibdó y Yoli. Iban todos en una lancha que les habían facilitado los ingenieros de la carretera panamericana. El hombre que manejaba la lancha parece que había tomado y no se encontraba muy lúcido. Ya en pleno mar la embarcación les falló y el conductor de la lancha estaba tan mareado que ni se daba cuenta de lo que estaba pasando. Todos se asustaron mucho, pero cuando el motor dejó de funcionar uno de los pasajeros tomó el control de la situación y después de maniobrar por un largo rato, logró hacer que el motor arrancara de nuevo y así pudieron regresar.

Pero Yoli pasó tanto miedo en esa salida, que no volvió a participar en estas organizaciones. Ella continuó cuidándose su embarazo y cuidando de su casa y de sus cosas en aquella vida llena de armonía y de paz que tanto amaba.

Oscar era el encargado principal de la empresa de tubos para desagües que había iniciado sus actividades desde hacía ya un año, en la que se trabajaba arduamente y que ya tenía varios contratos del pueblo. Él no se adaptaba a ese tipo de trabajo pero seguía adelante, amaba aquella naturaleza y aquel entorno, donde por primera vez en su vida salía del ajetreo y del estrés de ciudad, por lo que se aferraba a aquello sin ser lo suyo, tal vez esperando que algo bueno sucediera.

La fábrica de tubos, que se esforzaba por salir adelante, concretó un lucrativo contrato con la obra de construcción de la Carretera Panamericana. En esta fábrica se producían tubos enormes de treinta y cinco y cuarenta pulgadas de diámetro, usando unas formaletas de hierro y una vez que estaban hechos los tubos tenían que pasar por un proceso de secado. Se trabajaba mucho pero todos estaban súper entusiasmados porque aunque las ventas se estaban realizando lentamente, ese contrato significaba un maravilloso progreso porque era de gran envergadura. Oscar, pese a estar muy ocupado, se mostraba muy optimista porque este acuerdo de provisión a la Panamericana significaba que la fábrica de tubos continuaría adelante.

Los ingenieros de la Carretera Panamericana trabajaban con ahínco en este proyecto colosal que facilitaría un desarrollo futuro y una mejor comunicación entre todas las zonas aledañas. Estas obras reunían a un equipo de personas muy profesionales que trabajaban en conjunto para poder completar la red de carreteras. El Señor Arau era el jefe de la Carretera Panamericana en Bahía Solano. El señor Galindo era el pagador general con base en la ciudad de Bogotá. El jefe de la parte operativa era un chico joven, al que le encantaba la música llanera. El almacenista general

—el señor Correa— estaba radicado en Bahía Solano. El señor Ruiz viajó desde el suroeste antioqueño para instalarse en la bahía, acompañado de su familia y se dedicó a proveer de diferentes tipos de materiales a la obra. El doctor Carz era ingeniero del gobierno y junto a su esposa eran personas muy respetadas y muy queridas, con gran influencia en la bahía. Ellos eran los fabricantes y distribuidores de las bebidas gaseosas de nombre Bahía y, cosa extraña (a veces el azar es increíble), el señor Carz, ya conocía de antemano a mi padre de tiempo atrás, de San Andrés y Providencia —una zona del lado del Océano Atlántico—, y así como suelen darse las coincidencias en esta vida, se encontraron de nuevo después de muchos años en Bahía Solano.

Mi hermana Yolanda, que siempre fue muy elocuente, se lo pasaba animando a Oscar y alentándolo, contagiándole optimismo. Ella socializaba con todos en el pueblo y de vez en cuando seguía involucrándose en cada proyecto que podía, ya que para ella esta actitud era innata y la colmaba de alegría. A excepción de todo aquello que tuviera que ver con lanchas o salidas de la bahía al mar, siempre trataba de incluirse en los comités de ayuda al prójimo. Había mucho por hacer en aquel pueblo y el hecho de ayudar era para ella como un fuerte imán. Entre estas obras y su vida de casada, atendiendo su hogar, se le iba el tiempo. Amiga de todos y con muchas responsabilidades, nos visitaba en el hotel y le rogaba a Dios para que Oscar pudiera salir adelante en esta nueva empresa.

Todo iba bien, pero un día algo falló. El contrato de la Panamericana se vio trunco, debido a nuevos cambios. Se hizo cargo un nuevo director general y el contrato de tubos quedó cancelado porque hubo otro contrato de por medio, desde otro lugar del Pacífico. Oscar y el nuevo director tuvieron un desacuerdo, por lo tanto así se desbarataron los sueños, afectó el funcionamiento de la fábrica y el tan anhelado futuro se vino abajo. Los contratos de provisión locales eran muy pequeños y con el tiempo, debido a las pocas ventas, se empezó a perder dinero.

Oscar se desesperó porque aunque a él no le gustaba aquel trabajo, amaba ese estilo de vida. Pero tenía que pensar en su porvenir y en el de su familia y en Bahía Solano era duro para él —que era un hombre de ciudad— empezar en algo nuevo.

Se llevó a cabo una reunión familiar con mi padre y al final llegaron a un acuerdo: la fábrica se cerraría y Oscar y Yolanda se regresarían a Medellín. Así fue como ellos dos fueron los primeros en dejar la bahía.

Para Oscar, esto significó un alivio muy grande y al encontrarse Oscar en su bella ciudad de nuevo, consiguió trabajo casi de inmediato en una actividad que le hacía sentirse muy bien, Yolanda también se sintió tranquila porque ella estaba súper enamorada de su marido, recién casada y con un mundo de ilusiones y muchas esperanzas. Extrañaban aquel paisaje natural y los días que vivieron en Bahía Solano, pero era necesario volver a empezar en un ritmo de vida que les exigía dejar aquellos momentos en el pasado y pensar en un presente, para poder forjar su futuro.

Había muchos momentos emocionantes en la bahía, uno de ellos era cuando llegaban los pescadores del pueblo con su pesca. Todos se arremolinaban tratando de conseguir los mejores peces y el mejor precio y cuando pescaban un tiburón se vivían momentos de júbilo, porque lo abrían en la misma playa. La carne era muy apreciada y los pescadores nativos extraían el hígado y con él producían el aceite puro, que era la medicina sagrada para el asma, un valioso remedio que cuando se conseguía se conservaba como el oro.

Jaime, siempre inquieto por su juventud, iba y venía continuamente. Un fin de semana planeó ir a visitar un pueblito de nombre El Valle, acompañado por un equipo de jugadores de fútbol. Así que muy temprano salieron en una lancha todos muy ilusionados, pero no iban bien provistos de víveres. Luego de varias horas de navegación, de pronto se produjo una falla mecánica en el motor y se encontraron a la deriva en mar abierto. Los invadió el pánico, Trataban de llegar a la costa, donde encontrarían un lugar seguro pero el oleaje y la corriente los llevaba al garete. Empezaron a sentir pánico.

Cuando empezó a oscurecer mis viejos, al ver que no regresaban, comenzaron a inquietarse. A las ocho de la noche fueron llegando hasta la playa muchos de los familiares de los que iban en la lancha —incluidos nosotros—, todos buscando divisarla en la lejanía de ese mar, pero no se veía nada. Llegaron pescadores con linternas muy potentes que se ponían en la frente, alumbrando a la distancia, pero todo era inútil.

Así dieron las nueve de la noche. A las diez, los turistas norteamericanos pertenecientes al cuerpo de paz que se hospedaban en el hotel que trabajaban en investigaciones astronómicas, al notar la angustia de todos salieron en sus helicópteros para tratar de localizarlos. De pronto en la cerrada oscuridad de mar abierto, divisaron algo y poco a poco se fueron acercando hasta que los encontraron. Allí estaban todos en la lancha, sumidos en la incertidumbre, tiritando de frío y hambrientos. La alegría fue indescriptible, porque de inmediato los americanos se comunicaron con una lancha que salió a rescatarlos y así, luego de varias horas llegaron a la bahía, ya casi en la madrugada, donde fueron recibidos por una gran cantidad de personas que estaban esperándolos. El júbilo fue inmenso, todos aplaudieron cuando la lancha llegó a la costa, y había lágrimas en la mayoría de los ojos, así como un gran agradecimiento para todos aquellos que ayudaron en la búsqueda, que eran vitoreados por quienes estaban en la playa y le daban gracias a Dios por traerlos con vida.

Algo curioso y digno de mencionar eran unos árboles que tenían en sus ramas una especie de varas largas, en el centro eran mas gruesas y terminaban en punta. Los árboles crecían en la selva pero las varas caían en la playa. Había miles de ellas, su tamaño era como el de un lápiz normal y yo las llamaba "lápices de arena", porque en esos años soñadores dibujábamos corazones enormes y escribíamos con ellos en la arena la palabra AMOR y también nuestros nombres, dejando en libertad nuestra fantasía de niños enamorados de todo.

En uno de los costados del hotel había un terreno baldío donde crecían árboles de cacao, borojó y otras frutas, conformando un pequeño gran bosque. Rodri y yo éramos felices yendo a ese lugar porque encontrábamos en el suelo —que era como una gran alfombra verde con bordados de hojas y ramas—, una especie de semilla en forma de botón, como si fuera una moneda de madera y tenía tres diferentes tonalidades: en toda su base café clara; unos círculos muy bien enmarcados en café mas oscuro y luego, en el centro, un redondel negro. Tenían la superficie muy pulida, al punto que parecía barnizada. Nosotros la llamábamos "ojos de venado", juntábamos muchas de ellas e inventábamos diferentes juegos en los cuales estos ojos de venado siempre tenían suma importancia.

En ese terreno, fantaseando con nuestra imaginación, jugábamos a los exploradores, nos trepábamos a los árboles y agarrábamos guamas de los árboles. La guama era una fruta en forma de vaina larga y ancha que al abrirla tenia dos hileras de una semilla negra cubierta con una especie de carnosidad blanca, como si fuera una mota de algodón, dulce y exquisita. Nos comíamos esa mota de algodón, lavábamos las semillas y hacíamos con ellas aretes que usábamos en nuestros juegos. Jugábamos a los indios con aretes en la nariz y a que éramos reyes y entonces nos colgábamos esas semillas de las orejas, como si fueran joyas muy valiosas.

En nuestra querida Bahía Solano fuimos testigos de los caprichos del mar, de hermosos atardeceres, de tormentas increíbles y de los bellos misterios de aquella zona, que nos sorprendía con el hecho maravilloso del agua dulce que brotaba en las playas, cuando uno cavaba un pozo. Ese misterio era un regalo divino que tenía para nosotros mucho valor y admiraba a todos aquellos que lo descubrían.

LUGARES VECINOS

A PUNTA JUNÁ, otro de los lugares vecinos casi también en la punta de todas las playas existentes, llegó un señor mayor, un americano, acompañado por su enfermera privada. Se radicó en aquellas tierras y siempre iba a Bahía Solano para hacer sus compras, era un hombre afable, amable y cordial. Lo querían mucho en la bahía, ese pacífico lugar donde hizo buen uso del dinero de su retiro extranjero.

Cuántos momentos vividos en aquellos lugares, qué lindos años y cuántas horas enredadas en el tiempo y el recuerdo de los baños que nos dábamos en las aguas de las quebradas o en esas caídas de agua cristalina que nos deleitaban con su frescura, en los días calurosos.

Las mariposas iban y venían desplegando en el ambiente sus hermosos y vívidos colores y los colibríes volaban de flor en flor, engalanando el paisaje con su diminuto tamaño, llenos de vital agilidad. Por las noches —qué maravilla—, aquel cielo salpicado de estrellas que titilaban con destellos luminosos, como si fueran pequeños diamantes que cubrían la bahía con un espectacular toque de magia.

A veces los domingos al mediodía nos íbamos al mar y nadábamos un buen rato antes del almuerzo. Uno de aquellos domingos estábamos nadando muy contentos y de pronto escuchamos como unos silbidos en el agua, luego sentimos un gran movimiento de agua y al mirar nos dimos cuenta que estábamos rodeados de delfines. Eran varios y muy bellos. No sabíamos si querían jugar con nosotros o nos querían empujar hacia la playa. Tuvimos que salir del agua, pues al tratar de empujar a los nadadores, golpean muy fuerte. Esos delfines emitían un sonido vibrante y recuerdo que era hermoso verlos como en su ambiente natural se contorneaban, se zambullían y volvían a salir a la superficie estruendosamente, con sus ojitos de niños buenos y sus miradas tiernas. Los admirábamos y nos llenábamos de júbilo porque en cada rincón, en cada cosa, siempre se apreciaba la maravillosa mano de Dios. No fue la única vez que aparecieron los delfines, muchas veces nos vimos rodeados por ellos, tan cerca nuestro en ese mar de suaves tonos y participar de aquellos momentos fue realmente un regalo de la vida y sus misterios.

Cierta tarde los tres hermanos, Ligia Maria, Rodri y yo, nos sentamos en las escaleras del hotel mirando al frente de las palmeras. Cada uno había elegido una palmera y esperábamos ansiosos a que cayeran los cocos y todos sabíamos de quién era el coco que caía, ya que los contábamos. Era un regocijo cuando nos hacíamos de uno de esos cocos, nos bebíamos su agua y apostábamos quién sería el primero que podría disfrutarlos.

El tiempo pasaba y cada día y cada anochecer traía algo distinto, los días corrían en aquella bahía de tan agreste vegetación, en la cual el astro Rey era el protagonista dominante de los días calurosos y radiantes, junto con los majestuosos árboles de choiva característicos de la región, dueños absolutos de aquellos parajes y un regalo para la vista. Cada día traía nuevas responsabilidades y apasionantes aventuras.

Un día, Jaime organizó una salida de pesca con un grupo de turistas extranjeros que se encontraban en la bahía. Salieron muy temprano en un día privilegiado por la naturaleza —con el sol a pleno, el aire puro y la mar serena—, que incitaba a relajarse, llenando el alma y embriagando los sentidos de aquel entorno mágico.

Se subieron todos en la lancha que los llevaría de pesca con intención de ir hacia un sitio cercano de Punta Lana. Compartían con camaradería mientras disfrutaban del paisaje y preparaban sus avíos de pesca, soñando individualmente con capturar el pez mas grande y entre broma y broma se divertían, apagaron el motor y cada uno empezó a prepararse para iniciar su día.

De pronto la lancha comenzó a moverse y se sentían golpes fuertes en el fondo. Todos palidecieron, comenzaron a escudriñar el agua desesperados y, con asombro, vieron que se trataba de un enorme tiburón que en aquellos lugares le llaman "La Tintorera", el tiburón hembra, de tono café con manchas blancas.

Jaime en voz baja pidió que nadie se moviera, si el tiburón sentía ruido podía voltear la lancha así que todos estáticos y quietos veían como el tiburón jugaba a sus anchas. A medida que pasaban los minutos los iba dominando el pánico y el tiburón iba y venia, en continuo movimiento, rozando la lancha y haciendo que se meciera a un lado y otro. El tiempo pasaba y la corriente los fue llevando hasta llegar a un lugar donde pudieron encender el motor. Así que se olvidaron de la pesca y emprendieron su regreso, festejando con júbilo entre ellos el haber logrado salir ilesos de aquellos momentos tan inquietantes.

Al llegar a la bahía todos comenzaron a contar la odisea que habían vivido y cómo, con cada aventura, se aprendía sobre los peligros que, propios al entorno salvaje y primitivo de aquellos parajes, acechaban en medio de tanta belleza.

En el pueblo siempre se celebraban diferentes acontecimientos. Uno de ellos —y muy importante por cierto— era cuando llegaba de visita el obispo de Istmina, una localidad cercana. Para recibirlo la bahía entera se engalanaba con sus mejores trajes. Las hermanas de la caridad corrían presurosas, ultimando todos los detalles, la capilla brillaba y lucia sus mejores galas, se colgaban letreros dándole la bienvenida en las calles principales, el padre Correa supervisaba los preparativos y el todo pueblo se sentía honrado con esta visita.

Entre mis inquietudes siempre estuvo el hecho de que me gustaba enseñar y ayudar a todo aquel que lo necesitaba. Recuerdo que, siendo aun tan niña, recogía a cuanto niño me encontraba y lo sentaba en algún tronco de árbol caído en la playa, mientras con todo el amor que podía desplegar les enseñaba el catecismo. Me llenaba de jubilo ver en sus ojitos la alegría con que preguntaban y en su sencillez asimilaban con rapidez y regocijo. Por lo tanto, cuando llegó el obispo y se enteró de esto, me mandó a llamar, me bendijo las manos y me regaló una radio sutatenza, en la cual se podía escuchar una emisora católica muy linda que enseñaba y tenia una programación muy amena e informativa. Para una niña de mi edad todo aquello significaba muchísimo, por esto siempre guardo en mi corazón aquel episodio que en aquel entonces dejaba en mí muy gratos recuerdos de los momentos vividos en ese pueblo, donde todo se movía al son de la fe.

Con nuestra canoa "El Gavilán", Rodri y yo nos íbamos al río Jella a remar, remábamos y cantábamos, nos sentíamos millonarios de ser dueños absolutos de aquel espacio rodeado de naturaleza, mar y de emociones. Ignorábamos los peligros que nos acechaban. Uno de esos días remábamos y remábamos y de pronto, en un segundo, la canoa se nos volteó y caímos al agua. Tratamos de salir pero nos era imposible porque estábamos a merced de la corriente interna que se forma en los ríos, que forma remolinos ocultos y traicioneros. Ese día un remolino de esos nos envolvió y empezó a halarnos hacia abajo, mientras nosotros resistíamos como podíamos.

Rodri aparecía y desaparecía en el agua y estaba tan desesperados como yo, porque ya nos empezaba a faltar el aire. Fue entonces cuando un señor de esa región nos alcanzó a divisar desde su lancha y presuroso llegó junto a nosotros para rescatarnos. Apagó el motor de la lancha y atando una cuerda a un costado de la lancha se lanzó al agua. Primero me sacó a mí —para ese momento estaba agotada—, luego salvó a mi hermano que apenas si podía respirar.

Nos subió a la lancha y cuando logramos recuperarnos un poco y ya seguros a bordo, lloramos y nos abrazamos. No sabíamos cómo agradecerle a ese hombre lo que había hecho por nosotros. Su presencia fue muy oportuna y gracias a él puedo en este momento escribir esta historia, porque de no haber aparecido *Chicolito* —que así lo llamaban—, mi hermano y yo hubiésemos perecido ahogados en aquellas aguas traicioneras.

En aquella bahía transcurrió el noviazgo de Ofelia. Ella, enamorada como estaba, recordará aún algunas noches estrelladas, acompañadas de una luna plena y hermosa. Quizás también recordará algunas decepciones y momentos de incertidumbre ya que estaba muy vigilada por nuestros padres en aquellos, sus años de adolescencia y juventud.

Ofelia trabajó muy duro en aquel hotel, ayudando en todo lo que se podía y allí vivió su noviazgo, sus más hermosos sueños y la sensación de sentirse mujer, entre arrullos de aves, luciérnagas y palmeras mecidas por la brisa.

Fue por aquellos años que la compañía aérea *Avianca* tuvo la oportunidad de inaugurar sus vuelos hacia Bahía Solano. El gerente de esa aerolínea se puso en contacto con mi padre y de inmediato se llegó a un acuerdo por el cual se instalaría en el hotel una oficina de representación y así se hizo. La oficina de *Avianca* comenzó a funcionar desde ese momento con el propósito de que comenzara con sus viajes regulares a la Bahía con sus aviones DC3. En esa oficina se preparaba toda la documentación y el encargado de esto era mi viejo, con la ayuda de Jaime.

También funcionaba en el hotel la representación de los sellos postales aéreos, ya que la oficina de sellos postales del Correo Nacional en el pueblo, estaba a cargo de la señora Isolda, esposa de un profesor que había enseñado en la Universidad de Antioquia, en la ciudad de Medellín. Recuerdo que ambos formaban una pareja sencilla y en extremo amable.

Mi pobre madre siempre estaba desesperada con nosotros porque éramos tan inquietos que no le dábamos tregua. Ella solía decirnos: "No veo la hora de que todos tengan bigote, me fascinaría que se fueran todos a vivir a la Patagonia para quedarme sola y tranquila".

Mami, que trabajaba duro junto a mi padre y a mis hermanos mayores para poder sacar adelante el hotel, a veces nos regañaba diciendo: "Quisiera vivir en un nido de *gulungos* [1], porque allí nadie me alcanzaría y no tendría que sufrir tanto con todos ustedes".

Era grato escuchar las historias y leyendas de los lugareños en aquellos escenarios naturales, herencia de hombres rudos, muchos de ellos pescadores que vivieron muchas experiencias en aquella bahía de chozas y casas sencillas. Una tierra bendecida por la mano de Dios, rica en ideales, una perfecta unión de universo y alma donde también se pasaban muchas privaciones y donde cada uno de aquellos hombres y mujeres conocían de la lucha y de las angustias para poder sobrevivir.

Por aquellos días mi viejo se encontraba muy preocupado con la salud de mami y venia madurando la idea de dejar la bahía. Pensaba alquilar o vender el hotel y regresarnos todos a Medellín, pero las cosas se tornaban un poco difíciles. El calor y la humedad empezaban a hacer estragos en nosotros. Mi mami estaba padeciendo de una artritis que la empezaba a inmovilizar, porque le dolían terriblemente las rodillas. Jaime ya para aquel entonces conocía del sarpullido, que le había invadido todo el cuerpo, y aunque existía para esto una loción refrescante que le ayudaba y lo mejoraba, era un brote molesto que causaba escozor y ardor. Yo había sido picada por unas larvas en mis piernas, que me dejaron unas laceraciones que dolían mucho y me producían fiebres. Todo esto empezó a preocupar a mi viejo que se pasaba las noches sin dormir pensando cómo hacer

[1] Especie de nido de pájaros que cuelga de los árboles

para poder comenzar con una vida diferente y planificar un nuevo futuro para todos.

Pero el tiempo seguía transcurriendo, la bahía continuaba igual y los indígenas iban y venían en su continuo paso de la selva a la bahía. Mi hermanita María Isabel era una bebe muy buenita para sus dos añitos y se la pasaba jugando. Muchas veces cuando las indias de la región pasaban por la bahía, hacían un alto por el hotel y con gran cortesía saludaban a todos en sus dialectos y seguían de largo. Pero recuerdo que una mañana preciosamente soleada con un cielo azul salpicado de nubes blancas que semejaban pinceladas de acuarela, unas indias se detuvieron y tomaron en sus brazos a la bebé. Mami se alarmó un poco porque no sabíamos qué querían, pero no accedían a devolver a la niña. Hablaban entre sí y empezaron a despedirse llevando a María Isabel en brazos. Se marchaban y mami desesperaba siguiéndolas, mientras les hablaba en español pidiéndole explicaciones y casi suplicándoles que devolvieran a la niña, pero ellas la ignoraban, continuaban su camino.

Mami se asustó mucho, les exigió que devolvieran a su bebé, pero ellas la apretaban fuerte y negaban con gestos. No sé cuánto tiempo transcurrió, pero de pronto las indias, al ver la angustia de mi madre, se detuvieron, murmuraron algo entre sí, la miraron fijamente y luego le entregaron a María Isabel para después marcharse parloteando entre ellas quién sabe qué cosas. Quizás bromeaban, quizás no.

El casamiento de Ofelia

Un hecho muy interesante fue el proyecto que se llevó a cabo al construir un puente desde la bahía hasta el otro lado, cruzando el río Jella. Por supuesto este fue un trabajo titánico que realizaron Jaime y Carlos. Para la construcción ellos usaron troncos de varios metros de altura con un peso increíble. Ayudados por un solo trabajador, entre los tres dejaron su sudor y sus energías bajo un sol abrasador con humedad y muchas veces con lluvia, trabajando sin cesar día y noche, para poder terminar la construcción de este puente que le dio vida a este otro lado de la bahía que estaba comunicado únicamente por medio de canoa en los momentos de marea alta o atravesándolo a pie, durante la marea baja. Este puente constituyó un avance de extraordinaria importancia para todos. Mi viejo supervisaba el trabajo y ayudaba en pequeños detalles que eran de interés y sumamente delicados, teniendo en cuenta que al subir la marea el río, que era bastante ancho, era navegable.

Rodri y yo nos divertíamos mucho. Adorábamos nuestra canoa a pesar del susto que vivimos en ella, pasábamos hermosos momento remando siempre por el costado del río, cerca de la playa y nos encantaba dejarnos llevar por la corriente.

Para nosotros todo aquello tenia sabor de aventura y nos dedicábamos a quemar nuestra energía con tanto ejercicio que hacíamos durante el día, que se nos pasaba sin darnos cuenta del paso del tiempo; solo sabíamos jugar y encontrar todo mágico y espléndido. Creo que todo el oro del mundo no podría pagar aquellos años de libertad, durante los cuales a pesar de lo precario de la bahía, nosotros pudimos saborear la maravillosa embriaguez que da la tranquilidad de ese mundo de niños, cuando los ideales apenas comenzaban a florecer.

La vida proseguía sin cambios y mi padre continuaba esforzándose. La comisión americana que se hospedaba en el hotel se marchó, puesto que ya había conseguido completar los informes que necesitaban. La bahía parecía más lenta a pesar de que el turismo aumentaba por épocas, pero a veces el calor y la humedad hacían que uno se sintiera con pesadez y algo cansado.

Si bien vivir en una zona tan lluviosa era en cuanto a naturaleza y belleza casi mágico, con el paso del tiempo la humedad siguió haciendo estragos en la salud de mi madre. Poco a poco se fue viendo imposibilitada para caminar porque se incrementaban los dolores de las articulaciones, haciéndolos insoportables.

Jaime y Ofelia se vieron en la necesidad de tomar el mando de la cocina del hotel, ya que Damaris la cocinera se había marchado y el nuevo cocinero no se adaptó a aquel clima y a las exigencias de su labor. Así que entre los dos se las ingeniaban ya que casi sin saber cocinar, hacían malabares para poder sacar adelante la cocina del hotel. A veces se les hacía difícil, pero fueron superándose y lograron llevar muy bien todo por casi tres meses, hasta que mami tuvo una leve mejoría por poco tiempo, que en realidad no ayudó mucho. La enfermedad de nuestra madre fue la causa principal para que mi padre empezara realmente a pensar en el regreso definitivo hacia Medellín.

Unos días antes de que llegara la Semana Santa, Jaime, Fabiola, Ligia María, Rodrigo y yo viajamos a la ciudad de Medellín. Papi nos había conseguido una casa allí, en el barrio La Florida, porque él deseaba que nos regresáramos a nuestros estudios y poder seguir con su proyecto de dejar el hotel administrado por alguien y volver del todo a ubicarnos en la ciudad.

Jaime había viajado con nosotros padeciendo fuertes dolores abdominales y muy desmejorado. Había sufrido un ataque de apendicitis y cuando llegamos fue directo a la clínica Soma de Medellín para ser intervenido quirúrgicamente. Estábamos un poco nerviosos, nos acabábamos de alejar de Bahía Solano y esto significaba un cambio trascendental por lo traumático, ya que la familia estaba dividida entre Medellín y Bahía, además del delicado estado de salud de nuestro hermano Jaime.

Llegó la Semana Santa. Todo era trabajo y afanes. Las personas buscaban hospedaje, pero todos los lugares estaban repletos por la cantidad de turistas que llegaban de diferentes zonas del país en el vuelo de la aerolínea *Avispa* para pasar allí sus vacaciones de Semana Santa. El hotel de mi padre estaba cupo completo, no daban abasto, todos estaban muy ocupados, y reinaba la alegría en la bahía, porque todos estaban pasando unas vacaciones estupendas. Pero entonces sucedió una desgracia que ensombreció el recuerdo de aquellas vacaciones.

La mayoría de los turistas, después de esas cortas vacaciones, volvían a sus casas el día Domingo de Resurrección. Unos regresaban a la ciudad de Quibdó, ciudad en la que el avión haría escala y otros a la ciudad de Medellín. El vuelo de la aerolínea *Avispa* iba repleto. Ese domingo por la tarde, desde el pueblo llegaron las noticias al hotel que el avión se reportaba desaparecido. No había llegado a ninguno de sus destinos y las torres de control de los respectivos aeropuertos lo daban por perdido, dejando a todos asombrados y consternados por la noticia.

Ese lunes de Pascua, el siguiente día de haberse perdido el avión de la aerolínea *Avispa*, ya estaba programada desde hacia unas semanas una misa en la que se celebraría la boda de Ofelia y Carlos. Mis padres trataron de evitar aquella boda, aduciendo que Ofelia todavía era muy joven, pero el padre Correa habló con ellos y les explicó ellos sabían que este noviazgo venía de muchos años —casi cinco— y que él como sacerdote ya había hablado con los jóvenes y había entendido que en realidad se amaban y lo mejor en este caso era casarlos antes de que ellos se rebelaran y huyeran juntos, presa de los impulsos juveniles y el enamoramiento.

Papi y mami querían mucho a Carlos que era como un hijo más para ellos, así que se reunieron con los dos y después de una larga conversación acordaron todo lo del matrimonio.

A las cinco y media de la mañana había mucho ajetreo en el hotel, ya que todos saldrían a esa hora a la misa que el padre Correa oficiaría a las seis de la mañana de ese lunes tan triste. La misa tendría una doble motivación: primero se celebraría la boda de mi hermana Ofelia con Carlos y en segundo lugar aprovecharían esa misa para pedir a Dios que se encontrara el avión accidentando el día anterior, el vuelo HK 524 de la aerolínea *Avispa* y del cual no se tenían noticias y no se había podido encontrar rastro alguno. Además de los turistas, muchos de los pasajeros que tomaron ese avión eran personas que vivían permanentemente en la bahía. En ese vuelo viajaban de regreso a Quibdó las cuatro únicas hijas del señor Hirnaz que habían llegado a Bahía Solano para pasar esas vacaciones de semana santa con su padre. El señor Hirnaz era el propietario de una tienda en el camino principal del pueblo y se había casado de nuevo, pero sus hijas vivían con su ex esposa en la ciudad de Quibdó. Después de finalizada la ceremonia religiosa unas cuantas personas irían en helicóptero en plan de búsqueda, entre ellas Carlos y Oscar, mis cuñados.

Ofelia, Carlos y los demás salieron del hotel y se vieron obligados a usar una canoa para atravesar el río Jella que estaba con marea alta y el agua cubría casi todo el puente. Todo iba bien, aunque estaban nerviosos y con el tiempo contado, ya que se había adelantado la hora de la ceremonia para las seis de la mañana, a fin de que muchos de los participantes pudieran colaborar en la búsqueda del avión accidentado.

Estaban cruzando cuando de pronto la canoa dio un viraje y por nada se voltea, de manera que todos se mojaron y no tenían posibilidad de regresar a cambiarse. Así que continuaron hasta llegar a la otra orilla, donde los esperaban Yolanda y Oscar para llevarlos a la pequeña capilla inmaculada, mantenida por las monjitas del pueblo que conservaban todo en orden y con una limpieza que inspiraba tranquilidad, y que era administrada por el padre Correa quien, como mencioné, era sacerdote muy humano y sencillo.

Así fue como se celebró el matrimonio y se ofició la misa de esponsales en silencio, con los novios todos mojados pero ilusionados y soñando con un futuro colmado de esperanzas. Mi hermana Ofelia no alcanzó a conseguir su traje de novia ni sus anillos —que tendrían que haber llegado desde la ciudad de Medellín—, por lo que tuvo que casarse con un vestido celeste corto, muy simple y veraniego, unos zapatos sencillos y usando los anillos de matrimonio que le prestó Yolanda.

La ceremonia fue breve, había consternación en el ambiente, de modo que no habría recepción por la gran tristeza que embargaba a todos los presentes y porque de allí salieron todos con la expedición de búsqueda. Era tanta la confusión que no daba tiempo de preparar ningún festejo, ya que además acababa de terminar una Semana Santa en la cual el hotel estuvo lleno de turistas y estaban todos agotados de cansancio.

Los demás se regresaron al hotel y Ofelia se quedó solita todo el día, esperando por su esposo Carlos y las noticias de los desaparecidos. Por la noche regresaron los de la expedición, con la noticia de que el avión había caído en el Cerro De Las Cruces, entre Quibdó —la capital del Chocó— y Bahía Solano. Todos los que viajaban habían perecido en ese accidente, razón por la cual el lugar fue declarado campo santo y los helicópteros dejaron caer coronas de flores desde lo alto e impartieron bendiciones a modo de despedida de todos aquellos que allí perecieron. El pueblo entero estaba de luto y el señor Hirnaz, el padre que perdió a sus cuatro hijas, todas jóvenes y bellas, no tenía consuelo.

Ofelia con sus escasos quince años creo que ni cuenta se daba de lo que realmente ocurría, muy madura para su edad, pero una niña al fin y al cabo. Soñaba que el día que ella se casara, quería sentarse a comer una caja entera de galletas limón crema, ya que ese era su sueño mas anhelado. Quince años que empezaban de manera abrupta, la jovencita jugando a señora, sin tiempo para muñecas, ni fantasías, teniendo que hacerse responsable en un mundo donde ella se comprometía a ser esposa. Una boda poco común, un comienzo de vida de casada marcado por un destino en esa bahía llena de embrujos, donde quizás había quedado señalado su propio futuro debido a una inolvidable tragedia que tocaba a los corazones de muchas personas.

A pesar de la tristeza y la consternación por todos los que allí murieron, la bahía siguió su curso, cada uno guardando en su memoria aquel fatídico episodio. Me imagino que para Ofelia, a pesar del sabor amargo que esto dejó en todos, esa fecha quedó grabada para siempre y fue parte del destino en el que era la protagonista de su propia existencia.

Los vuelos de la compañía aérea *Avispa* fueron suspendidos. Este fue el fin de una aerolínea que cumplió a carta cabal su labor en el campo de la aviación, colombiana en la bahía. La aerolínea de la compañía *Avianca* se abría paso, cumpliendo a la perfección con los vuelos en un continuo ir y venir de turistas,

Transformándose en un excelente medio de transporte que hacía un itinerario perfecto, dándole así vida a Bahía Solano.

Desde nuestra llegada a Medellín nos establecimos allí sin regresar a Bahía Solano, esperando noticias de todos los demás. Jaime se recuperó de su operación y consiguió trabajo en el *Hotel Veracruz* como administrador del mismo. Aún recuerdo que para esa Semana Santa, cuando en Bahía Solano estaban ocurriendo tantos acontecimientos, Fabiola me hizo un vestido todo cosido a mano y confeccionado por ella para que yo pudiera estrenar algo nuevo, tratando de llenar el vacío que sentíamos al encontrarnos lejos de nuestros padres. Mi vestido quedó precioso, pero más que esto fue que ese vestido transcendió a través del tiempo, ya que siempre formó parte de mis recuerdos, siempre valoré lo que le costó hacerlo y de más valor todavía por el hecho de que Filo hubiera pensado tan especialmente en mí.

Fabiolita lo organizaba todo y ayudaba en todo lo que podía mientras estábamos todos a la espera de lo que acontecería con el hotel y con nuestros otros hermanos. Yoli, que siempre nos llamaba o venía a casa, estaba feliz de tenernos en Medellín.

Papi decidió regresarse a Medellín, porque quería reunirse con nosotros para empezar a buscarle una salida a la situación. Habló con Ofelia y Carlos y les pidió que se quedaran a cargo del hotel por un corto tiempo, mientras él estudiaba la forma de vender o rentar el hotel y viajaba con mi madre y Maria Isabel para reunirse con nosotros, ya que mami necesitaba atención médica de inmediato.

Mi madre se encontraba tan delicada de salud, que cuando llegó fue directo a la clínica Soma, totalmente impedida para caminar. A su llegada tuvieron que recibirla en el aeropuerto de Medellín con una silla de ruedas, debido a la inflamación de las articulaciones en sus rodillas. De inmediato se puso en manos del doctor Estrada, quien se encargó de prescribirle un tratamiento, que mi mami tuvo que llevar a cabo durante largo tiempo, pero fue su salvación, ya que con el paso de los días comenzó a recuperarse y pudo volver a caminar.

Mientras mis padres se encontraban en Medellín, la vida continuó sin percances en la bahía. Ofelia y Carlos llevaban la administración completa del hotel y estaban pendientes de recibir las noticias de papi y preparándolo todo para un pronto regreso. Ya casi todos estábamos ubicados en esa hermosa ciudad de Colombia, la de eterna primavera. Los más pequeños íbamos al colegio, mientras Filo se encargaba de llevar la casa, y cuidaba de nosotros y de mis padres.

Los meses fueron pasando y mi padre buscaba fuentes de trabajo y de ingresos en todos los rincones. Habiendo transcurrido ya cierto tiempo, consideró que era el momento de que Carlos y Ofelia también se regresaran a Medellín. Para esta época, papi ya había hablado con el capitán Robay quien tenía un terreno allá en la bahía y estaba interesado en alquilar el hotel por unos meses. El era dueño de su propia avioneta, siempre iba a vacacionar alli y muchas veces aterrizaba en la misma playa con su avioneta privada. Por lo tanto llegaron a un acuerdo por el cual el capitán, una vez que toda la familia estuviera en Medellín, se quedaría rentando el hotel por tres meses, dando tiempo a que mi padre encontrara otra actividad.

Así fue como Carlos y Ofelia regresaron y se alojaron en nuestra casa hasta que Carlos encontró un trabajo y comenzaron su propia vida de casados. Ya estábamos todos juntos de nuevo, esperando los acontecimientos que marcarían un futuro distinto a todo lo que habíamos vivido. Papi seguía tratando de abrirse camino, pero por más optimismo que pusiera, en aquellos momentos de incertidumbre y de agotamiento físico y mental, las soluciones tardaban en llegar y sólo quedaba el recuerdo de todas las vicisitudes vividas en aquel hotel que era el único testigo de los insomnios de mi viejo y de los desvelos de mami, en su afán por encontrar solución para ese futuro incierto que se les presentaba, puesto que aún éramos muchos los que dependíamos totalmente ellos dos.

Así fue como regresamos a Medellín y pese a nuestro desconcierto y sin que los más pequeños entendiéramos mucho lo que sucedía, volvimos a estar juntos todos, viviendo prácticamente de la fe en ese Dios que todo lo dirige y todo lo puede.

En Medellín

No sé cómo se las ingeniaba mi padre —aunque él tenía sus ahorros—, para mantener a la familia, porque
el hotel había quedado en manos del capitán Robay.
Los que estábamos en edad comenzamos a estudiar en
colegios privados y llevábamos una vida sin que nos
faltara nada y hasta con ciertas comodidades pese a
ser una familia tan numerosa, ya que éramos seis los
que todavía vivíamos con ellos. Era para admirarlos,
porque era una época en que todo eran gastos y más
gastos, debido a que teníamos que acomodarnos
nuestra nueva casa. A pesar de todo esto mis padres
luchaban y luchaban, buscando esa luz que brindara
una solución a toda esa incertidumbre.

Pasó algún tiempo, meses quizás —no puedo pre-
cisarlo— y yo, que solía observar a mi viejo, lo veía a
veces caminando de un lado para otro con una mano
en la cabeza, rozándose el cabello con un ademán de
nerviosismo y preocupación con la otra mano en la
cintura. Así iba y venía. Luego de un rato se ponía la
chaqueta y salía a la calle, buscando algún negocio o
alguna salida para esa situación que recién ahora que

soy mayor entiendo. Me imagino las noches sin dormir que habrá pasado y esos pensamientos confusos provocados por la necesidad de conseguir el sustento de cada día, pagar la renta y apuntalar el futuro para poder sacarnos a todos adelante.

Además él era orgulloso y nos había criado a todos con ciertas comodidades y nos había acostumbrado a lo mejor. Para Jaime Betancourt no había nada que no se pudiera conseguir. Era optimista y el único seguro de sí en ese entorno de inseguridades. Él lo único que nos transmitía a todos era seguridad, que todo estaba y estaría bien. "Mañana será otro día y esto será cosa del pasado", nos decía, mirándonos y nos tranquilizaba, aunque él se estuviese muriendo de incertidumbre por dentro.

Mi padre estaba acostumbrado a ser líder, no lo asustaba la zozobra y por más difícil que fuera la situación, él siempre salía a flote. Sabia dirigir sus propios negocios —a lo largo de su existencia fueron muchos, algunos buenos y otros no tanto—, ya se tratara de un aserrío, el hotel, varios restaurantes, una fábrica de enchapes de edificio, una factoría de algodón, las haciendas ganaderas o una fábrica selladora de pastas. Era un hombre que no se rendía ni nunca se rindió ante la adversidad, el que dejó la semilla de la lucha en sus hijos, las ganas de vivir y de salir adelante a toda costa, dejando en nosotros ese recuerdo imborrable, henchido de admiración y respeto, junto a la par de mi mami, con sus enseñanzas acerca de cómo comportarnos en la vida, siempre correcta, segura, decidida, con Dios en sus labios y la adoración que sentía por nosotros, sus hijos.

Una mañana, aproximadamente a las once, mi viejo llegó de la calle eufórico y muy feliz, con un brillo muy especial en sus ojos. Comenzó a llamarnos a todos y después de habernos reunido alrededor de la mesa del comedor, se dirigió a mi mami: "Dios nos escuchó vieja, salgo dentro de unos minutos rumbo a Bahía Solano, en la avioneta del capitán Robay —le dijo—. Él llegó ayer a Medellín, para hacer algunos tramites y acabo de hacer un cambalache: cambié el hotel a ojos cerrados a mi amigo el señor Restroi, por una fábrica de enchapes para edificios que ellos tienen en San Javier, un barrio de Medellín, así que ahora mismo salimos, yo entregaré el hotel y luego regreso a recibir la fábrica, solo quería decirles esto, espérenme que esta noche brindaremos y entraré en detalles" —concluyó, antes de marcharse.

Pasaron las horas y todos moríamos de curiosidad por saber qué había sucedido. Mi viejo regresó a casa ya entrada la noche, se le notaba una alegría increíble y fue maravilloso oírle contar toda la odisea que había vivido durante aquellas horas. Recuerdo que todos, maravillados, escuchamos su relato y después brindamos para celebrar lo acontecido.

El hotel estaba pasando una difícil situación. El alquiler con el capitán Robay estaba pronto a expirar, los meses del contrato habían corrido rápido y se necesitaba una pronta solución, de lo contrario el hotel quedaría solo y abandonado. Después de lo acontecido con el vuelo HK 524, el turismo había mermado mucho y la comisión de norteamericanos que lo había rentado por varios meses, ya se había marchado. Mantener el hotel solo por temporadas —que a veces eran muy bajas en turistas— era complicado y mucho más lo era, estando todos nosotros viviendo en Medellín, lejos de la Bahía.

Cuando Restroi recibió el hotel, se le notaba contento e ilusionado. Después que papi procedió a entregarlo, regresaron en la misma avioneta a Medellín y de allí se dirigieron a la fábrica de enchapes para edificios, donde nuestro padre recibió toda la papelería y documentación, quedando de encontrarse al día siguiente para poder firmar ante un notario público y el traspaso legal de escrituras y, por supuesto, para darle a mi viejo una amplia explicación acerca de todo el manejo del establecimiento. *Arpres Limitada* era una fábrica en la que se producían tablillas impermeables de diferentes tamaños, colores y estilos, y para distintos usos en la construcción de casas y edificios.

Esa semana fue muy atareada. Papi estuvo poniendo todo en orden y en sus ratos libres, al llegar a casa, se sentaba en el comedor y se ponía a diseñar moldes que en su mente él sabía que iban a funcionar en esa fábrica. Se trataba de modelos de mucho uso y él tenía no sólo la ilusión, sino el convencimiento, que tendrían una gran acogida.

Cuando esos diseños estuvieron listos y preparados los planos, los llevó a un taller mecánico para que le hicieran los moldes en acero inoxidable y, en compañía de Jaime, comenzó a rodar la fábrica que por aquel entonces contaba con varios operarios y empleados. Tal como lo imaginó, fue un éxito. *Arpres Limitada* consiguió mucho auge y prestigio. Desde que él se hizo cargo no solo se fabricaban diferentes estilos de tablillas y ladrillos, sino que también trajo desde España a un señor especialista en murales de cerámica. A partir de entonces se empezaron a fabricar lindos murales de porcelana, que se hacían en hornos refractarios especiales, con motivos decorativos y se usaban en interiores de viviendas, en hoteles y en paredes de restaurantes o negocios varios. Los diseños eran con preciosos acabados, muy novedosos y resultaron ser todo un éxito. La empresa funcionó en manos de nuestra familia por un lapso de siete años. Luego de este tiempo mi viejo, inquieto como era, volvió a las andadas y comenzó una nueva aventura.

La administración de la compañía *Avianca* en la bahía pasó a manos de otras personas. Los tanques de la *Esso Colombiana* se entregaron y aquel pedazo de tierra con su respectiva casa, quedó en el más completo abandono y soledad.

Todos los que allí vivimos aprendimos a amar aquella bahía, a pesar de que hubo momentos difíciles para mis hermanos mayores y todos nos beneficiamos de esas lindas experiencias en aquella vida natural y carente de la complicaciones propias de las ciudades, que entre aromas y paisajes, aventuras y desvelos, nos regaló aquel hermoso lugar. Lo más lindo fue la unión de toda la familia durante nuestra estadía de casi dos años en aquel marco de sueños.

El recuerdo de esos maravillosos momentos de antaño, han perdurado en el tiempo, enmarcados por aquel lugar que dejó en nosotros huellas tan profundas. Cuando cierro los ojos aún me parece ver esas noches de luna llena que iluminaba toda la bahía y escuchar los arrullos nocturnos del canto de los grillos, acompañado por la imaginaria danza de las inquietas luciérnagas que salpicaban de chispas la oscuridad de esas noches.

Bahía Solano hoy

Nos encontramos ahora con una bahía actual, llena de cosas nuevas, con una vida que aprovecha el marco perfecto de esa naturaleza preciosa, quizás aún primitiva, pero con nuevos senderos y sus riquezas de antaño; un foco turístico que emerge suavemente, con un desarrollo lento pero seguro, con horizontes encaminados siempre a un futuro con mejores posibilidades. Con su aeropuerto sencillo, hoteles y cabinas de hospedaje, aguas termales, sus programas turísticos, su cultura y sus comidas típicas. Una Bahía Solano con múltiples adelantos que la deben hacer muy especial. Y digo que la deben hacer muy especial, porque no he vuelto a viajar a la bahía desde aquellos años de la niñez. Mi hermana Yolanda estuvo allí en el año 2007 y encontró todo muy diferente. Me dijo que, de aquellos años, solo quedan nuestros recuerdos.

Ya no existe el hotel de mi padre, ni el puente del río Jella, ni la casa del lado izquierdo de la bahía en donde estaba el muelle ni la *Esso Colombiana Distribuidora del Pacífico* y han transcurrido desde esta historia casi cincuenta años. Tengo entendido que cuando estaba por terminar la década de los años 60, la bahía fue devastada por un maremoto, ese azote telúrico y oceánico, que causó muchos estragos e hizo desaparecer a una gran parte de la bahía.

Con el tiempo volvió a resurgir, siempre luchando en su ámbito natural contra todas las vicisitudes. Allí está la bahía de mis amores, después de cincuenta años. Bahía Solano siempre será ese hermoso remanso que deberían visitar todos aquellos que anhelan momentos de paz, para pasar unas lindas vacaciones. Porque siempre estará ahí esa selva del Pacífico de Colombia, con su inseparable amigo, el mar, y con ese hermoso y cautivante cielo colombiano, una maravilla de maravillas que ofrece tranquilidad y regocijo al turista.

Muchas veces en mi memoria evoco a Bahía Solano. Viene a mi mente el recuerdo de aquellos caminos de tierra y sus infinitos tonos verdes. Aún me parece escuchar los trinos de los pájaros y en mi imaginación regreso a todos aquellos momentos de mi niñez, cuando nos bañábamos en las caídas de agua y correteábamos por esa bahía que tiene su propia existencia y su propia historia. Me acuerdo de los fogones de piedra de las chozas, el sol queriéndose filtrar por cada uno de sus rincones, las flores silvestres y el arrullo de las olas que, en su constante vaivén, besaban la arena en su constante vaivén, como si fuera una danza acompañada de murmullos dejados por el agua en su continuo movimiento.

Rememoro sus gentes, yendo y viniendo de un lado para otro, con sus ambiciones y sueños, muchas de ellas pobres y sencillas, imaginando futuros en aquel lugar primitivo de bellezas salvajes y de ilusiones impulsadas por la brisa, en un pueblo de escaso desarrollo pero que pese a su pobreza, tejía el porvenir de sus habitantes desde el interior de sus raíces.

Recuerdo esa bahía sumida en ese paraíso natural y cada fragmento de esa selva. Los escasos habitantes de aquel entonces, las pocas viviendas en un espacio tan extenso, un lugar casi baldío pero majestuoso poseedor de un encanto especial, de magia y belleza.

¡Qué maravilla recordar cada momento!

Aún me parece percibir el olor a tierra húmeda después de la lluvia, el aroma de las flores mezclado con el de la sal del mar y creo escuchar el repiqueteo de la lluvia torrencial sobre los techos.

Si pudiera retroceder el tiempo, me encantaría poder plasmar en una imagen esa bahía y agregarle los colores que mis ojos de niña retuvieron, porque para quienes amamos la naturaleza, Bahía Solano era naturaleza, embrujo y belleza, todo en uno.

Ahora ya todos somos mayores, cada uno de nosotros tiene su propia vida y formamos una hermosa familia, con hijos y nietos que si bien todos viven en diferentes lugares, nos mantenemos comunicados y unidos sin importar la distancia que nos separa.

Oscar y Yolanda tuvieron tres hijos varones. Oscar murió a la edad de cincuenta y siete años, víctima del cáncer y ella sigue viviendo en la ciudad de Medellín, rodeada del amor de sus maravillosos hijos y su adorable nieta.

Nuestros padres hace mucho que ya no se encuentran con nosotros, Rodrigo tampoco —también él falleció de un terrible cáncer en el pulmón—, pero le sobreviven su esposa y un estupendo hijo.

A los que aún estamos en este mundo, siempre nos une el cariño enorme por aquella bahía, por esa tierra que pese a la lucha, a los esfuerzos, el trabajo y los sacrificios, persiste como recuerdo indeleble y que tomó forma en esta historia que dejo como legado para nuestros hijos y nietos y para todos aquellos que vivieron por aquellos tiempos en la bahía. La Bahía Solano de mis amores.

Mis hermanos y yo solemos decir lo mismo cuando la recordamos: "Te amamos, Bahía Solano".

MIRIAM JARAMILLO
MARZO, 2014

Índice

www.ingramcontent.com/pod-product-compliance
Lightning Source LLC
Chambersburg PA
CBHW021934040426
42448CB00008B/1056